THÈSE

POUR LE

DOCTORAT

SOUTENUE PAR

ADRIEN-LOUIS CAMARET

Avocat à la Cour impériale de Paris.

PARIS

ANCIENNE MAISON GUSTAVE RETAUX

PICHON-LAMY ET DEWEZ, LIBRAIRES-ÉDITEURS

15, RUE CUJAS, 15

—

1869

DE LA CESSION D'ACTIONS

EN DROIT ROMAIN.

DU GAGE COMMERCIAL (Loi du 23 mai 1863). — DES
AVANCES OU PRÊTS SUR GAGES : MAGASINS GÉNÉ-
RAUX. — BANQUE DE FRANCE. — CRÉDIT FONCIER.
— COUVERTURES DES AGENTS DE CHANGE. — RE-
PORTS EN MATIÈRE DE BOURSE. — GAGE MARITIME :
CONNAISSEMENT. — MONTS-DE-PIÉTÉ.

EN DROIT FRANÇAIS

———

THÈSE POUR LE DOCTORAT

Soutenue

Le Mercredi 27 Janvier 1859, à 3 heures 1/2

PAR

Adrien-Louis CAMARET

Né à Bourg (Nord), le 16 juin 1834

AVOCAT A LA COUR IMPÉRIALE DE PARIS

Président : M. P. RATAUD

<table>
<tr><td rowspan="4">SUPPLÉANTS :</td><td>MM. COLMET-DAAGE</td><td rowspan="2">PROFESSEURS.</td></tr>
<tr><td>GIRAUD</td></tr>
<tr><td>DEMANGEAT</td><td rowspan="2">AGRÉGÉ.</td></tr>
<tr><td>LEVEILLÉ</td></tr>
</table>

———

PARIS
ANCIENNE MAISON G. THOREL
PICHON-LAMY ET DEWEZ, LIBRAIRES-ÉDITEURS
15, RUE SOUFFLOT, 15
—
1863

A LA MÉMOIRE DE MON PÈRE.

—

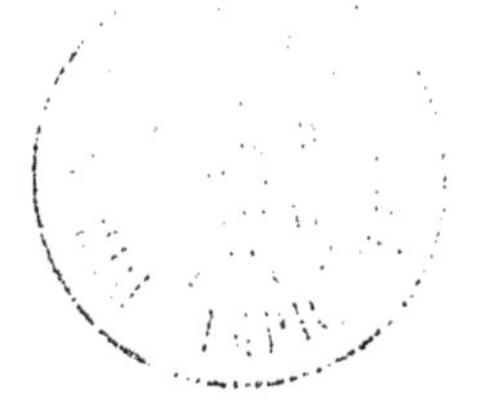

A MA MÈRE

—

A MA SOEUR

DROIT ROMAIN

DE LA CESSION DE CRÉANCES

« On sait que les Romains étaient extrêmement forma-
« listes. — Les anciennes lois de Rome avaient commencé
« à paraître dures ; et les préteurs ne furent plus touchés
« que des raisons d'équité, de modération et de bien-
« séance, (Esprit des lois, 27.) »

Ce jugement que Montesquieu portait d'une façon générale sur le caractère du droit romain peut trouver en
notre matière une application spéciale. En étudiant les
précédents historiques de la cession de créances, nous
nous rendrons bien compte de ce respect que les jurisconsultes de la vieille Rome portaient si loin en faveur
des principes, et aussi de ces adoucissements que les
préteurs durent y introduire, pour obéir à des besoins
nouveaux.

                                    1

Nous devons, avant d'entrer dans le cœur même de notre sujet, exposer rapidement quel a été le droit primitif quant à la vente des créances, montrer leur incessibilité absolue, que consacra le système des actions de la loi ; puis, les améliorations apportées par le système formulaire, les innovations des constitutions impériales, et enfin, le dernier état du droit, qui aboutit à la possibilité de la cession de créances, d'une façon complète. Le titre IV du livre XVIII, au Digeste, et le titre XXXIX du livre IV au Code portent chacun pour rubrique ces mots : « De hereditate vel actione vendita. » Nous laisserons entièrement de côté la vente de l'hérédité.

Remarquons seulement que les Romains appellent le droit de créance actio : ils se placent au point de vue du résultat, du bénéfice que le créancier peut retirer de cette transmission. Car on peut dire que l'action, c'est le droit à l'état de guerre. Ils donnent quelquefois aussi aux créances l'appellation de nomina.

NOTIONS HISTORIQUES SUR LA CESSION DE CRÉANCES

—

NATURE ET CONSÉQUENCES DU PRINCIPE DE L'INTRANS-MISSIBILITÉ DES CRÉANCES.

Deux classes de droits composent le patrimoine : les droits réels et les droits de créance, ce dernier terme ayant sur l'expression droits personnels l'avantage d'éviter une équivoque possible. Les droits de créance, aussi bien que les droits réels, sont susceptibles d'appropriation. Comment se fait-il donc que la mancipatio et l'in jure cessio, qui, comme le témoigne le paragr. 50 des fragm. vatic., remontent à la loi des Douze tables elle-même, ne s'appliquent qu'à la transmission des droits réels ? Cela tient à l'idée que les jurisconsultes romains se faisaient de la distinction des droits réels et des droits de créance : le droit réel s'exerce directement et immédiatement sur la chose ; le droit de créance, au contraire, suppose une double relation, un double rapport que la volonté simultanée des deux contractants est seule capable de rompre. C'est cet intuitus personæ, qui du reste a passé dans notre

droit (distinction des obligations de donner et de faire),
qui amenait logiquement les jurisconsultes romains à
déclar. les créances incessibles. Il n'est pas nécessaire
d'insister sur les inconvénients de cette doctrine qui reti-
rait du commerce et de la circulation toute une classe
très-nombreuse et très-importante de biens.

C'est qu'alors la puissance de Rome ne s'étendait guère
au-delà de ses murailles, et que le crédit public n'était pas
arrivé à ce développement qu'il devait atteindre à la faveur des institutions libérales de la république.

Aussi plus tard sentit-on le besoin de faciliter la transmission des créances ; et l'équité venant combattre la rigueur des principes, on vit successivement les préteurs
introduire les modifications et les adoucissements que
commandait la nécessité et que l'usage avait déjà consacrés.

PROCÉDURE DES ACTIONS DE LA LOI.

C'est la période de l'incessibilité absolue des créances.
Gaïus pose le principe, au commencement du paragraphe 38 de son Commentaire II : « Obligationes quoquo
« modo contractœ, nihil eorum recipiunt. Nam, quod mihi
« ab aliquo debetur, id si velim tibi deberi, nullo eorum
« modo quibus res corporales ad alium transferuntur,
« id efficere possum. » Les Glossateurs ont exprimé éner-

giquement cette idée : « Nomine sive actiones non possunt separari a domino, sicut nec anima a corpore. » La créance suit le créancier, a-t-on dit encore, « ut lepra leprosum ». (Glossa ad legem 16, de peculio, Dig. Ad legem 3, pro socio, Dig.)

Que l'on ne voie pas une exception à ce principe rigoureux dans l'acquisition par l'héritier des créances faisant partie de la succession non plus que dans le bénéfice que le père ou le maître retire des nomina acquis au fils ou à l'esclav

En effet, d'une pai l'héritier est censé continuer la personne du de cujus ; et, d'un autre côté, l'individualité du fils ou de l'esclave s'absorbe et se confond dans celle du père ou du maître. Cette théorie était en harmonie avec cette autre règle du droit romain, à savoir que l'on ne pouvait se faire représenter en justice que dans des cas exceptionnels et limitativement énumérés.

La délégation de l'exercice du droit étant impossible, le droit lui-même devait être incessible. Gaïus indique cependant un palliatif, dans la fin de son par. 38 : « Sed « opus est ut, jubente me, tu ab eo stipuleris : quæ « res efficit ut a me liberetur et incipiat tibi teneri ; quæ « dicitur novatio obligationis. On voit ce qui se passe : le créancier donne mandat au cessionnaire de stipuler du débiteur qui se trouve libéré de son ancienne dette, une nouvelle créance. Mais ce remède reste encore bien impuissant et bien imparfait. Car la validité de l'opération dépendait du débiteur qui devait y consentir, (loi 1, De novat., au Code, 8, 41), et puis, les sûretés accessoires à la dette se trouvaient éteintes, à moins qu'un pacte ne les réservât, (loi 18, De novat.; Dig. 46, 2 loi 11, par. 1, De pignerat. act., Dig. 13, 7).

SYSTÈME FORMULAIRE.

Le système des actions de la loi « paulatim in odium venerat. » C'est, sous l'époque de la période formulaire, par l'idée de mandat, mais d'un mandat tout particulier, que l'on arrive à corriger les inconvénients de ce que Gaïus appelle la « novatio obligationis. » Le même Gaïus, au par. 39 de son Comment. II, s'exprime ainsi : « Sine « hac vero novatione non poteris tuo nomine agere ; « sed debes ex persona mea, quasi cognitor aut procu- « rator meus, experiri. »

Le créancier donne au cessionnaire mandat de pour- suivre le débiteur qui ne change pas, dispensant le man- dataire de rendre compte. Ce cessionnaire est appelé «procurator in rem suam.» (Dig. Loi 13, par. 1, de pactis ; 2, 14). Gaïus, (Parag. 86 de son Comment. IV), mentionne les modifications que ce mandat ad litem apportait dans la rédaction de la formule : « Qui alieno nomine agit, in- « tentionem quidem ex persona domini sumit, condemna- « tionem autem in suam personam convertit. Nam si verbi

« gratia Lucius Titius pro Publio Mævio agat, ita formula
« concipitur : Si paret Numerum Negidium Publio Mævio
« Sestertium x millia dare oportere, judex Numerum Ne-
« gidium Lucio Titio Sestertium x millia condemna ; si
« non paret, absolve. »

L'intentio est donc au nom du cédant, et la condemna-
tio au nom du mandataire qui, devenant le dominus litis, va jouir du bénéfice de l'actio judicati. (Dig. Loi 18,
de procurat.; 3, 3. Loi 4, in fine, de appellat.; 49, 1.
Loi 4, Pr., de re judicata; 42, 1. Loi 28, au Code, de procurat.; 2, 12. Fragm. Vatic., paragr. 317 et 331.) Ce système offrait sur celui de la procédure des actions de la
loi les avantages suivants : le débiteur ne pouvait pas empêcher, par son refus, la cession du droit de créance.
En second lieu, les garanties accessoires étaient main-
tenues. Mais il avait encore des inconvénients; ainsi, la
litis contestatio seule rendait stable le droit de cessionnaire. Or, avant la litis contestatio, la mort du mandant
ou celle du mandataire pouvait rendre nulle l'opération,
(Loi 3, au Code, de procurat., 2, 12. Gaïus : Comment. III,
paragr. 160. Instit. : 3, 26, 10.) De plus, le mandant pouvant poursuivre lui-même le débiteur, le droit du cessionnaire se trouvait alors éteint, (Dig. loi 55, de procurat., 3, 3).

SYSTÈME DES CONSTITUTIONS IMPÉRIALES.

Comme la litis contestatio seule rendait stable le droit du cessionnaire, la pratique devait chercher à avancer ses effets, pour corriger les défauts du système formulaire.

Déjà, l'introduction des actions utiles avait commencé à atteindre ce but. Les actions utiles viennent de ce que l'on peut appeler la jurisprudence philosophique. Le premier exemple d'action utile relative à la transmission de créances se trouve dans la loi 16, de pactis, au Dig., (2, 14).

Antonin le Pieux l'accorde à l'acheteur d'une hérédité comprenant des obligations. La loi 4, au Code, quæ res pignori, (8, 16), donne au créancier qui a reçu une créance en gage une action utile, pour agir contre le débiteur. Dès lors, l'action utile doit être étendue à l'acheteur d'une créance, qui ressemble beaucoup au créancier gagiste, (Code, loi 7, de hæred., vel act. vendita ; 4, 39). De nombreux textes mentionnent des exemples d'actions utiles : (Gaïus, II, 253 ; IV, 34 et 35. Loi 31, Princ., Dig., de neg. gest.; 3, 5. Loi 10, 5, Dig., mandati; 17, 1. Lois 35 et 68, Dig., de procurator.; 3, 3. Loi 2, de obligat. Code ; 4, 10. Loi 5, Code, quando fiscus; 4, 15. Loi. 18, Code, de legatis ; 6, 37.) Alexandre Sévère, continuant la marche et les progrès de ce système réformateur, attribue à la

denuntiatio faite au débiteur les effets de la litis contestatio. Enfin vient la constitution de Gordien, (Loi 3, au
Code, de novation.; 8, 41), qui met sur la même ligne,
comme opérant également cession de créances, la litis
contestatio, la denuntiatio, et le paiement partiel par
le débiteur au cessionnaire. Cette constitution, rendue
en l'année 239, est très-importante. Voici quels sont ses
termes : « Si delegatio non est interposita debitoris tui,
« ac propterea actiones apud te remanserunt, quamvis
« creditori tuo adversus eum solutionis causa mandaveris
« actiones, tamen, antequam lis contestetur, vel debitori
« tuo denuntiaverit, vel aliquid ex debitore accipiat,
« exigere a debitore tuo debitam quantitatem non vetaris,
« et eo modo tui creditoris exactionem contra eum inhi-
« bere. » Ainsi, en faisant litis denuntiatio, le créancier est protégé par le paiement anticipé que pourrait faire
le cédé entre les mains du cédant. On a beaucoup discuté
sur cette constitution de Gordien. On s'est d'abord demandé quel était le caractère de cette denuntiatio :
faut-il que le cessionnaire lui-même dénonce la cession, ou
suffit-il que le cédé en ait eu connaissance, de quelque
manière que ce soit ? Doneau, (De jure civili. Lib. xv, 44,
par. 21), et Saude ; (Voët ad Pandectas, Lib. 18, T. 4,
nº 15), adoptent cette seconde opinion, en se fondant sur
la loi 17, de transact., au Dig.; (2, 15). Mais je crois
que cette loi prévoit une hypothèse toute spéciale, et
qu'en présence des termes formels de la constitution de

Gordien, que les partisans du premier système semblent trop laisser de côté, il faut décider que la denuntiatio doit être un acte émané du cessionnaire. C'est l'opinion du Président Favre, (Conject. Lib. 12, C. 3, par. 4 et suiv.).

Mais quelle sera la procédure de cette denuntiatio ? L'opinion la plus communément suivie est que cette denuntiatio est un mode d'ajournement, ou déclaration privée d'abord du demandeur qui « vocat in jus » son adversaire, déclaration qui prit un caractère public, lorsque Constantin exigea sa constatation dans les procès-verbaux dressés par les greffiers. C'est ce qu'on peut conjecturer au moins du rapprochement d'un texte de Plaute et d'un texte de Térence, (Plaute : Pers. IV, 9, Vers 8 et 9. Térence : Adelphi, II, 1, in fine).

Jusqu'à présent nous n'avons vu le remède apporté par la Constitution de Gordien qu'aux fraudes que le cessionnaire aurait à craindre du cédant, ou aux paiements que le cédé pourrait faire à son préjudice. Un dernier progrès restait à faire : il fallait empêcher l'extinction du mandat par la mort de l'une ou de l'autre des deux parties, survenue avant la litis contestatio. C'est ce que fit la loi I, au Code, de obligat. et action.; (IV, 10). Au moyen des actions utiles, le cessionnaire va poursuivre le débiteur, malgré la mort du cédant. Cette faveur fut étendue aux héritiers du cessionnaire à titre onéreux. Dans la loi 33, au Code, de donat.; (8, 54), Justinien décide que les héritiers des cessionnaires à titre gratuit eux-mêmes auront le bé-

néfice des actions utiles. En résumé, grâce à ces actions
utiles, le cessionnaire n'a plus besoin d'un mandat ad
agendum pour poursuivre le débiteur. Mais le mandat est
toujours supposé : les rapports nés de l'obligation restent
les mêmes ; et le débiteur, actionné par le cessionnaire
muni de l'action utile, doit se défendre, comme s'il avait
à répondre au vendeur lui-même, (loi 47, par. 1, Dig.,
de neg. gest.; 3, 5). C'est ce système qui a été adopté par
Muhlenbruch, (Doct. Pand. : Par. 500, n° 4; et Sande : de
act. cess. 9, n°ˢ 8 et 9); contre la théorie enseignée par
Doneau, (XV. C. 44, par. 25).

Nous avons vu les différentes phases historiques de la
cession de créances : d'abord prohibée d'une façon radi-
cale et absolue, elle trouve peu à peu dans le mandat in
rem suam, perfectionné lui-même par l'admission des
actions utiles, un mode légal d'existence. Mais ces facilités mêmes de la transmission des droits de créances
amenèrent des dangers et des abus : les acheteurs de
créances devinrent bien vite des spéculateurs avides qui
acceptaient à vil prix les mauvaises créances, poursui-
vant ensuite sans relâche les débiteurs dont ils voulaient
obtenir un paiement intégral. Ce sont ces fraudes et ces
abus qui ont donné lieu aux lois 22 et 23, au Code, man_
dati ; (4, 35), d'Anastase et de Justinien. Nous reviendrons
dans le paragraphe consacré aux restrictions mises aux
effets de la cession sur l'examen approfondi de ces deux
textes.

Nous en avons fini avec les notions historiques qu'il nous a semblé utile d'exposer, pour bien faire comprendre la marche qu'à suivie, dans la législation romaine, la transmission des droits de créances. Nous abordons maintenant l'étude même de notre sujet qui comprendra deux grandes divisions : la première partie sera consacrée aux conditions ; la seconde, aux effets de la cession.

PREMIÈRE PARTIE

CONDITIONS DE LA CESSION DE CRÉANCES.

Pour l'intelligence plus complète de cette première partie, nous la subdiviserons en deux paragraphes :

Premier paragraphe. — Quelles actions peuvent être vendues ;

Deuxième paragraphe. — Capacité des parties, en matière de cession de créances.

PREMIER PARAGRAPHE

Quelles actions peuvent être vendues.

La règle, dans le dernier état du droit, peut se formuler en ces termes généraux : toutes les créances sont cessibles

Nous verrons plus tard ce que ce principe a de trop
absolu, en mentionnant les dérogations qui y ont été
apportées. Bornons-nous, pour le moment, à poser le
droit commun, et donnons-en quelques applications.

La loi 17 de notre titre, au Digeste, est ainsi conçue :
« nomina eorum, qui sub conditione vel in diem debent,
« et emere, et vendere solemus; ea enim res est, quæ emi
« et venire potest. » Il importe cependant de distinguer si
la créance est pure et simple, ou si elle est conditionnelle
ou à terme. Dans le premier cas, la vente est parfaite et le
prix est dû, quoique l'acheteur ne puisse réclamer l'exécution du contrat, avant l'arrivée de la condition, et ne
puisse rien exiger, si la condition vient à défaillir.
Dans le second cas, la vente est nulle, si la condition ne
s'accomplit pas. C'est ce qu'exprime parfaitement la loi 19
de notre titre, au Digeste : « Multum interest, sub condi-
« tione aliqua obligatio veneat, an, quum ipsa obligatio
« sub conditione sit, pure veneat. Priore casu, deficiente
« conditione, nullam esse venditionem, posteriore, statim
« venditionem consistere; nam, si Titius tibi decem sub
« conditione debeat, et ego abste nomen ejus emam,
« confestim ex empto vendito agere potero, ut vel accep-
« tum ei facias. »

La cession d'un droit incertain est valable. La loi 11 de
notre Titre au Digeste, pose ce principe, en ce qui concerne
l'hérédité; or, on doit le généraliser, et l'étendre à la
vente des créances. La loi 11 porte : « Namhoc modo

« admittitur esse venditionem : Si qua sit hereditas, est
« tibi empta, et quasi spes hæreditatis; ipsum enim
« incertum rei veneat, ut in retibus. » En ce sens encore
la loi 3, au Code (8,54). On a cependant quelquefois
contesté la validité de la cession d'un droit qui n'est
qu'une expectative, en invoquant la loi 26, au Digeste, *De
damno inf.* ; (39,2) : « n'est pas un dommage le sacrifice
d'une espérance. » Mais faisons remarquer qu'il résulte
seulement de là que le cessionnaire n'aura de droit acquis,
que quand la *spes* sera devenue une réalité : ce qui
n'empêche pas que, même comme « mera spes », ce droit
peut faire partie du patrimoine. (Loi 34, par. 1, Dig., *De
contrah. empt.* ; (18, 1).

Pas de distinction, quant à la cession, entre les créances
civiles, prétoriennes, naturelles, (loi 40, Dig., *Ad senat.
Trebelli n.* 36, 1). Sont encore cessibles les créances nées
d'un délit, les actions en revendication, celles qui prennent
leur source dans la violation ou la contestation des droits
réels, (Dig., loi 7, par. 1, *Commod. vel contra,* 13, 6.
Loi 14, pr., De furtis, 47,2. Loi 35, par. 4, *De contrah.
empt.*; 18,1. Loi 31, pr, *De act. empt. vend.* ; 19,1.
Loi 38, par. 1, *De solut.* ; 46,3. Loi 15, pr.; *Ad leg.
Aquil.* ; 9,2).

Les obligations alternatives, lorsque le choix est réservé
au créancier, passent, avec le droit à l'élection, au cessionnaire. En effet, le débiteur ne peut pas se plaindre; car
le choix du cessionnaire n'ajoute rien à l'obligation

puisque le créancier lui-même eût pu exercer cette option,
(loi 75, par. 3, au Dig., *De legatis* I ; 30,1. Loi 44, Princ.,
De condition. ; 35,1. Loi 38, par. 6, *De verb. oblig.* ;
45,1).

Est encore valable la cession des droits résultant de
priviléges, ces priviléges fussent-ils personnels. Ainsi, le
mineur de vingt-cinq ans est obligé de céder le secours
de la « restitution in integrum » au maître dont il a géré
.les affaires (Dig. : loi 6, De in integr. restit. ; 4, 1. Loi 24,
De minor. XXV annis ; 4, 4).

Enfin, sont cessibles les actions qui dérivent de contrats
synallagmatiques (société, vente, mandat). Muhlenbruch
admet l'opinion contraire (Paragr. 497). Mais il oublie
que, quand je cède les droits que j'ai, par exemple, sur
mon associé, je reste tenu envers lui de mes obligations :
les termes du contrat n'étant pas modifiés, la cession ne
cause aucun préjudice aux deux parties ; dès lors, rien ne
doit mettre obstacle à son exécution.

Maintenant que nous avons exposé le droit commun
qui est la validité de toute cession de créances, passons
aux dérogations à ce principe, et exposons les exceptions
qu'il comporte. A cette question : comment distinguer les
créances cessibles de celles qui ne le sont pas, les Glossateurs font la réponse suivante . « Quod est transmissi-
bile, id est cessibile, » (Olea, tit. III, question V ; n°° 4 e
30. Brunneman, C. IV, n°° 21 et 29). Ce brocart exprime
une pensée beaucoup trop absolue. En effet, la règle est

bien la possibilité de la cession ; mais cette règle comporte des exceptions que l'on peut diviser en trois groupes :

I. Actions qui ne font pas partie de notre patrimoine.

II. Actions attachées à la personne même.

III. Créances qui ne consistent qu'en des droits accessoires d'un autre droit.

I. — *Actions qui ne font pas partie de notre patrimoine.*

Sous cette détermination sont comprises les « actiones populares » et les « actiones quæ vindictam spirant. »

Les « actiones populares », ce sont celles qui appartiennent déjà à tout citoyen, comme touchant à l'intérêt général (actiones de sepulchro violato, Dig. 47, 2, De via publica, 43, 11 ; De effusis et dejectis, 9, 3 ; De positis et suspensis). Voilà le premier motif de leur incessibilité ; on peut ajouter celui-ci : ces actions sont hors du commerce (Dig. ; Loi 5, loi 7, par. 1, De popul. act. 47, 23 ; loi 12, Pr., De verbor. signif., 50, 16; loi 7. Pr., et loi 42, De procur., au Code 2, 12).

Les actiones quæ vindictam spirant sont :

« L'actio injuriarum, » (Dig, : loi 28, De injur., 47, 10 ; loi 32, Pr., Ad leg. Falcid., 35, 2 ; loi 2, par, 1, De collat., 37, 6 ; loi 42, par. 1, De procurator., 3, 3).

La « querela inofficiosi testamenti. » En effet, cette actio « magis vindictæ quam pecuniæ habet persecutionem » ; dit la loi 2, par. 4, De collat., au Dig. : (37, 6), l'action en révocation d'une donation, pour cause d'ingratitude, à raison du même motif; cependant, Brunneman est d'un avis opposé ; (4, 58 et 59).

II. — *Actions attachées à la personne même.*

Citons le droit aux operæ officiales dûs par l'affranchi au patron, (Dig. loi 9, De oper. libertor. ; 38, 1). Le droit aux operæ fabriles est cessible, parce qu'il est lui dans ce que les Romains appellent l'in bonis et les jurisconsultes allemands le fermogensrecht (loi 26, par. 12, au Dig., De condict. indeb., 12, 6).

Citons encore les créances d'aliments léguées par testament (loi 28, par. 2, au Dig., De cond. ind., 12, 6). Mais serait cessible la créance d'aliments stipulés par convention (loi 8, par. 2, au Dig., De transact.; 2, 15).

En vertu de ce principe que les droits ne sont pas cessibles qui ne sont pas in bonis, ajoutons à notre énumération les créances dont l'exercice suppose une qualité personnelle intransmissible à des tiers (droits de citoyen, de famille). Ces droits aussi ne sont pas dans le commerce.

Comme exemple de « jus mere personale, » Sande mentionne l'usufruit, en faisant toutefois cette distinction : l'usufruit ne peut pas être cédé, comme « inhærens personæ fructuarii ; » mais le droit à la perception des

fruits est parfaitement cessible, (Sande, De act. cess. :
caput V, nº 34).

III. — *Créances qui ne consistent qu'en des droits accessoires d'un autre droit.*

Il faut bien s'entendre sur la portée de cette exception
à la règle. Sans doute, ces créances peuvent être cédées;
mais elles ne peuvent l'être seules, et indépendamment
du droit principal : « accessorium sequitur principale. » Il
reste vrai, précisément en appliquant cet axiome, que la
cession du droit principal implique, sauf réserve, celle du
droit accessoire. Nommons l'actio hypothecaria, et
l'actio contre les cautions (loi 1, au Code, Si pign.
pign. dat. sit ; 8, 23. — Sande, caput V, nº 24). Rappe-
lons encore l'obligation où est l'héritier d'un legatum
nominis de céder les actions qui lui compètent (Dig. :
loi 44, par. 6, loi 75, par. 3, De legat. I ; 30, 1).

Nous aurions encore à parler des cessions de créances
litigieuses et de créances nécessaires. Mais nous renver-
rons les explications que nécessitera cette matière à un
chapitre spécial, qui sera une sorte d'appendice à notre
première partie.

DEUXIÈME PARAGRAPHE

Capacité des parties, en matière de cession de créances.

La capacité est la règle ; mais cette règle comporte des except'ons. Nous les rangerons en deux classes :

I. Exceptions tirées de la forme spéciale de la cession.

II. Exceptions fondées sur des motifs d'ordre public.

I. — *Exceptions tirées de la forme spéciale de la cession.*

La cession a lieu sous forme de mandat : mandat direct d'abord, et qui devient tacite et supposé, avec l'introduction des actions utiles. En conséquence, les personnes qui ne peuvent agir « procuratorio nomine » ne peuvent intervenir dans une cession. Ces personnes, ce sont : les infâmes (Instit., IV, 13, 11. Sent. de Paul. I, 2, 1) ; les muets et les sourds (Dig., loi 43, De procurat.; 3, 3. Loi 1, par. 5, De postul.; 3, 1) ; les aveugles, les femmes, les militaires (Sent. de Paul, I, 2, 2. Code : loi 9, De procurator.; 2, 12) ; les esclaves (Dig. : loi 33, De procurat., 3, 3). Sans doute les esclaves peuvent aliéner les choses comprises dans leur pécule ; mais ils ne peuvent pas faire cession des créances que peut comprendre ce même pécule, parce qu'ils ne peuvent pas agir en justice. Quant au fils de famille, il faut dire qu'est valable la créance qui lui est cédée contre son père. Seulement, le fils ne pourra poursuivre l'exécution de son droit, que quand il sera devenu *sui juris.* (Instit. par. 12, De obligat. quæ ex del. nasc. 4, 1).

II. — *Exceptions fondées sur des motifs d'ordre public.*

Honorius et Théodose, dans la loi 2, au Code, ne liceat potentior. patroc. litigant. præstare; (2, 13), défendent de faire cession de créance à un potentior; et voici la raison qu'ils en donnent : « Aperta « enim credentium videtur esse voracitas, qui alios actio- « num suarum redimunt exactores. » C'est guidés par les mêmes sentiments de protection favorable à l'égard des débiteurs qu'Anastase et Justinien promulguèrent plus tard ces Constitutions destinées à réprimer les abus de spéculatenrs voraces et déloyaux. Mais quelle est la sanc- tion de cette prohibition ? D'abord le potentior est frappé d'une amende qu'arbitre le président de la province. Quant au cédant, il est puni par la perte de son droit. A qui profite la nullité de la cession ? Je crois, (cette opi- nion seule est conséquente avec la doctrine favorable à la libération que les Empereurs voulaient étendre de plus en plus), je crois que cette nullité devrait profiter au débiteur. Cependant Muhlenbruch (Doctr. Pand., 497, note 17), pense que le profit reviendra au Trésor. Ce système s'appuie sur les excès indéniables de la fiscalité romaine.

Défense fut portée encore de faire aucune cession malveillante au fisc ou à l'Empereur (Sent. de Paul. : V, 12, 7. — Loi 22, par. 2, au Dig., De jure fisci ; 49, 14. — Loi 2, au Code, ne fiscus vel respubl., 2, 17).

Une autre exception fondée encore sur des motifs d'ordre public est la suivante : défense est faite aux tuteurs et curateurs de se rendre cessionnaires des créances contre les personnes soumises à leur autorité et à leur protection. Les jurisconsultes romains ne voulaient pas (et telle a été la pensée des rédacteurs du Code Napoléon), mettre une personne entre son intérêt et son devoir (chap. V de la Novelle 72). La sanction est la nullité ; mais cette nullité ici profite au mineur qui se trouve ainsi libéré. Nous venons de parler des mineurs en tutelle. Disons un mot maintenant d'une question controversée qui s'élève, au sujet des pubères de vingt-cinq ans : tout le monde admet que le pupille ne peut vendere actionem qu'avec l'auctoritas tutoris ; mais le mineur de vingt-cinq ans a-t-il besoin d'être assisté de son curateur, pour faire valable cession d'une créance qui lui appartient ? La difficulté vient de la comparaison de deux textes qui, au premier abord, semblent inconciliables : la loi 101, au Dig.. De verb. obligat.; (45, 1), dit que les pubères peuvent s'obliger ex stipulatu, sine curatoribus suis. D'un autre côté, la loi 3 au Code, De in integr. restitut.; (2, 21), proclame la nullité de la vente faite par le pubère, sans assistance de son curateur ; mais la déclare valable, au contraire, sauf l'in integrum restitutio, si le curateur est intervenu dans l'opération. Ces deux textes ne peuvent se concilier qu'historiquement : la loi 3 contient une innovation : pendant longtemps, et la loi 101 ne fait que consacrer cette pratique, les pubères n'avaient de curateurs qu'exceptionnellement. Puis, quand l'exception devint la règle, le pubère non pourvu de curateur conserva sa pleine capacité.

APPENDICE

CESSION DES CRÉANCES LITIGIEUSES. CESSIONS NÉCESSAIRES.

Les droits réels litigieux furent seuls d'abord déclarés incessibles. Cette prohition remonte à la loi des Douze Tables, (loi 3, au Dig., de litigios.; 44, 6). Auguste déclare formellement nulle toute aliénation de choses litigieuses, (Gaïus : c. iv, par. 117. — Dig.: loi 4, Par. 2 Loi 8, Par. 2. lois 11 et 12, de alien. judic. mut.; 4, 7. — Loi 27, par. 3. Lois 46 et 69, de rei vindicat.; 6, 1. — Code: loi 2, de litigios.; 8, 36). Plus tard, la prohibition fut étendue à la cession des droits personnels litigieux. Cependant, Cujas repousse cette doctrine. Sans doute, dans le principe, je crois que l'opinion de Cujas était conforme à la pratique constante ; mais, plus tard, lorsque les vexations et les abus auxquels les agents d'affaires soumettaient les débiteurs eurent sollicité du législateur une répression qui aboutit à des peines sévères portées contre les potentiores, il est probable que les créances litigieuses furent alors assimilées aux droits réels litigieux. Du reste, le même motif se rencontre dans les deux hypothèses : il fallait toujours protéger les débiteurs contre les exactions de ces créanciers que l'on a montrés avec raison « rebus fortunis que alienis inhiantes. »

La cession des créances litigieuses était donc prohibée. Mais quand la créance devenait-elle litigieuse ? Elle devenait litigieuse par la litiscontestatio, par la demande adressée au prince, et plus tard par l'envoi du libellum, (Novelle 112). La sanction de la violation de cette défense était celle-ci : le procès devait continuer entre le débiteur cédé et le créancier cédant, « tanquam si nihil factum sit, » disent les textes.

L'origine de cette prohibition de cession des créances est dans la défense du pacte de quota litis. Cujas, (livre xvi, chap. xvi), indique bien le motif de la haine que ces conventions inspiraient au législateur ; « Hæc pactio « reprobata est, quasi detrimentosa nimis ei, ad quem « res pertinet, et certa redemptio litis alienæ, societas

« scilicet futuræ victoriæ, conventa inter dominum et
« procuratorem, contra bonos mores. »

Quoi qu'il en soit, des exceptions ont été apportées à
la rigueur du droit, dans des circonstances favorables qui
excluent toute idée de spéculation :

1° Cession faite à titre de dot, ou de donatio ante
nuptias ;

2° Cession faite à titre de legs, ou de fidéicommis, (Novelle 112, chap. 1) ;

3° Cession résultant d'une transaction ;

4° Cession entre cohéritiers, pour opérations de partage.

Ces restrictions résultent de la loi 4, au Code, de litigiosis ; (8, 36).

Nous aurons l'occasion de revenir encore sur les créances
litigieuses, quand nous exposerons les réformes d'Anastase
et de Justinien. Disons quelques mots maintenant des
cessions nécessaires. Nous en avons déjà donné des
exemples, quand nous avons dit que le légataire d'un
nomen doit recevoir de l'héritier les actions qui y sont
relatives, que les actions qui ont leur origine dans la
réparation d'un préjudice causé, dans la violation de
droits réels, sont cessibles, comme ces droits eux-mêmes ;
que les actions de la loi Aquilia, la condictio furtiva, les
actions du damnum injuria datum doivent être également
cédées à la victime. Ajoutons quelques espèces aux
exemples donnés :

1° Les créances se divisent de plein droit entre les héritiers. Cela était aussi vrai à Rome que chez nous. Aussi, le juge de l'actio familiæ erciscundæ, lorsqu'il attribuait à un des cohéritiers une créance entière, obligeait-il les autres à lui céder la part que la loi leur accordait dans cette créance, (Dig.: loi 2, Par. 5, loi 3, fam. ercisc.; 10, 2. — Code : loi 6, fam. ercisc.; 3, 36).

2° Le mandataire doit céder au mandant les actions qu'il a acquises. Cela tient au principe de l'impossibilité de la représentation que les jurisconsultes romains poussaient si loin, (Dig.: loi 8, loi 43, loi 45, Pr., mand., vel contra ; 17, 1).

3° Quand l'une de plusieurs personnes tenues solidairement a acquitté la dette commune, elle a, pour exercer son recours contre les autres correi debendi, le bénéfice cedendarum actionum, (Dig.: loi 47, locati ; 19, 12. Loi 41, Par. 1, de fidejussor.; 46, 1. — Code : loi 2, de contr. jud. tut.; 5, 58). Mais le créancier n'est tenu que de céder l'action, telle qu'elle est entre ses mains ; le débiteur ne peut donc se refuser à payer, sous prétexte que l'action est devenue inutile.

Quant aux effets de la cession nécessaire, ils ne diffèrent guère de ceux de la cession volontaire. Nous n'avons donc pas à leur consacrer une étude spéciale, et nous passons à notre seconde partie.

SECONDE PARTIE

EFFETS DE LA CESSION DE CRÉANCES.

Nous avons à examiner sous trois faces différentes les rapports qui résultent de la cession de créances. Cette étude comprendra quatre paragraphes :

I. Effets de la cession entre le cédant et le cessionnaire

II. Effets de la cession entre le cédant et le cédé.

III. Effets de la cession entre le cédé et le cessionnaire.

IV. Rapports entre deux cessionnaires successifs du même cédant.

PREMIER PARAGRAPHE

Effets de la cession entre le cédant et le cessionnaire.

Nous subdiviserons en deux sections ce premier paragraphe :

I. Obligations du cédant.

II. Obligations du cessionnaire.

1. — *Obligations du cédant.*

La cession peut avoir pour cause une vente, ou une donation. Occupons-nous successivement de ces deux cas, et voyons en quoi ils diffèrent.

I. — *Cession de créance, à titre de vente*

Les rapports du cédant et du cessionnaire sont ceux du vendeur et de l'acheteur. A Rome, le vendeur de choses corporelles n'est pas tenu de transférer la propriété ; la vente n'est que productive d'obligations. Appliquant ces règles aux droits incorporels, aux créances, nous devons dire que le cédant est tenu seulement de mettre le cessionnaire, son successeur direct et ayant cause, dans la position où il se trouvait lui-même. Il a deux obligations envers le cessionnaire : tradere rem et præstare rem licere habere.

Le cédant doit d'abord rem tradere ; il doit donner au cessionnaire tous les moyens d'exercer les droits résultant de la créance cédée : « Emptor, dit la loi 6 de notre titre, « au Code, neque plus, neque minus juris habere debet, « quam apud venditorem futurum esset. » La loi 14, et la loi 23, par 1, du même titre, tirent des conséquences de ce principe. A l'époque classique, le cédant doit donner au cessionnaire le mandat qui lui est nécessaire, pour exercer les actions directes. C'est ce que disent la loi 2, par. 5, et la loi 3 de notre titre, au Code. Quand le mandat fut sous-entendu, lorsque intervint le système des actions utiles, le cédant ne doit plus que les prestations de fait : telle est la remise de l'instrumentum, des titres, des modes de preuve, la restitution des gages et sûretés.

Le cédant, avons nous dit, doit mettre le cessionnaire en son lieu et place. La cession comprend donc les actions accessoires contre les intercesseurs, les fidéjusseurs, celles relatives aux gages, aux hypothèques.

Le cédant, en second lieu, doit præstare rem licere habere. Cela comprend la garantie. Il n'est tenu que de la garantie de droit : « debet præstare nomen esse, sed non debet præstare locupletem esse debitorem, » dit la loi 4 de notre titre, au Digeste.

Même règle, en ce qui concerne les garanties accessoires (Loi 30, au Dig., De pign. et hypoth. ; 20, 1.) Il n'est pas tenu de garantir bonum nomen, c'est-à-dire la solvabilité du débiteur (Dig. : loi 118, De verbor. oblig. ; 45, 1.— Loi 112, De divers. reg. juris ; 50, 17). Il est des auteurs qui ont prétendu que, lorsqu'il s'agissait de datio in solutum, la règle devait fléchir. Wordenhoff est de cet avis; mais nous ne voyons pas quelle raison on peut donner de cette distinction, en présence des termes formels de la loi 74, par. 3, au Dig., De eviction. ; (20, 1), de la loi 30, De pignorib., au Dig. ; (20, 1), et surtout de la loi 96, par. 2, au Dig. De solut. et liberat. ; (46, 3).

Le cédant pourrait cependant, en vertu d'une convention expresse, garantir le cessionnaire de la solvabilité du débiteur. Et alors même, cela ne s'entend que de la solvabilité présente : dans le doute, la présomption est favorable au vendeur. A l'inverse, la convention peut décharger le vendeur de toute garantie ; mais, si la créance n'existe pas, il devra rendre le prix, en cas d'éviction. Car il aurait été remis sine causa par l'acheteur qui aurait alors, pour le répéter, une condictio indebiti. C'est ce que dit la loi 7, de notre titre, au Digeste : « Non contrahitur emptio, et « ideo pretium condicetur. » (Loi 11, par. 18, De action. empti ; 19, 1).

Exception à la règle, dans le cas où la créance est vendue comme incertaine (Lois 11 et 12, au Dig., de notre titre : nous avons déjà cité ces deux textes).

En cas de donatio dotis causa, le cédant répond, en dehors de toute convention et de tout dol, de l'insolvabilité du cédé, (Loi. 49, Pr., an Dig., Soluto matrim.; 24, 3).

II. *Cession de créance à titre de donation.*

Le cédant donateur n'est tenu ici qu'à « tradere rem » ; il n'est pas obligé « præstare rem habere licere, » (loi 75, par. 1, au Dig., De legatis I ; 30, 1). Mais le cédant répond toujours de son dol, (loi 18, par. 3, au Dig., De donation.; 39, 5).

II. — *Obligations du cessionnaire.*

1. Cession de créance à titre de vente.

Le cessionnaire est un acheteur : il doit payer le prix,

à l'époque et au lieu convenus. Quand la créance est productive d'intérêts, il doit les intérêts du prix, date du jour de la cession.

2. Cession de créance à titre de donation.

Le cessionnaire est un donataire : il n'a rien à payer ; mais il est tenu à l'accomplissement des conditions qui ont pu être imposées à la libéralité ; et il doit aussi remplir certains devoirs envers le donateur, sous peine de voir sa donation révoquée, pour cause d'ingratitude.

<h3 style="text-align:center">DEUXIÈME PARAGRAPHE.</h3>

Effets de la cession entre le cédant et le cédé.

Ce paragraphe ne nous arrêtera pas longtemps : rien ici n'est changé : le cédant reste créancier, et le cédé reste débiteur. En conséquence, le cédant peut agir contre son débiteur (loi 3, au Code, Mandati ; 4, 35). Il peut compenser, nover, céder la créance à un deuxième cessionnaire, faire un pacte avec le débiteur, le libérer par acceptilatio, (loi 4, au Code, De novation.; 8, 41). En ce sens, la loi 2, par. 5, de notre Titre, au Digeste.

Plus tard, quand la litiscontestatio, la denuntiatio, ou un paiement partiel entre les mains de l'acheteur intervenait, le cessionnaire se trouvait à l'abri de

toute atteinte : son droit était consolidé, et il pouvait opposer l'exception de dol à toute action que le cédant aurait voulu intenter contre lui (Dig. : loi 16, De pactis ; 2,
14. Loi 55, De procurator.; 3, 3).

Dès lors, a disparu l'ancien principe rigoureux et absolu
de l'incessibilité de la créance. Nous avons développé ce
point, dans nos prolégomènes historiques. Nous n'y reviendrons pas, et nous passons à l'examen des questions les
plus délicates de la matière : c'est l'objet de notre troisième paragraphe.

TROISIÈME PARAGRAPHE.

Effets de la cession entre le cédé et le cessionnaire.

Nous diviserons ce paragraphe en deux sections :
1. Droits du cessionnaire vis-à-vis du cédé.
2. Droits du cédé vis-à-vis du cessionnaire.

PREMIÈRE SECTION

DROITS DU CESSIONNAIRE VIS-A-VIS DU CÉDÉ.

Un grand principe domine la matière : le cessionnaire
agit au nom du cédant ; il ne peut donc avoir plus de

droits que le cédant. Mais il a les droits qu'avait le cédant. Il peut donc demander au cédé tout ce que le cédant aurait pu lui demander lui-même. La loi 2, Pr., de notre titre, le dit, en ces termes : « Neque amplius, « neque minus juris emptor habeat quam apud heredem « futurum esset. » La loi 6 encore de notre Titre : « Nam « beneficium venditoris prodest emptori. » Enfin la loi 8, au Code, au même titre, est conçue en ces termes : « Ex « exceptione nominis.... exemplo creditorum persecutio « tribuitur. » Le cessionnaire se prévaudra des sûretés accessoires à la dette : cautionnements, gages, hypothèques. Il peut agir ex stipulatu, contre les fidéjusseurs ; par l'action quasi-servienne, contre les tiers détenteurs d'immeubles hypothéqués, pour sûreté de la créance. Il peut demander des intérêts si le cédant y avait droit. La loi 23 de notre Titre indique bien nettement les droits du cessionnaire : « Venditor actionis, quam adversus princi- « palem reum habet, omne jus, quod ex ea causa ei com- « petit, tam adversus ipsum reum, quam adversus inter- « cessores hujus debiti, cedere debet, nisi aliud actum « est. — Nominis, dit le par. 1 de cette loi, venditor « quidquid, vel compensatione, vel exactione fuerit conse- « cutus, integrum emptori restituere compellatur. » Loi 34, De legatis I ; (30, 1, au Dig.).

Nous ne distinguerons pas comme le font Favre et Doneau, si le cédant agit par l'action directe, ou par l'action utile. Car nous avons établi que l'action utile n'était que l'action directe étendue à des espèces qui n'étaient pas spécialement prévues. Dans un cas, le mandat est donné ; dans l'autre, il est sous-entendu. Que le mandat soit conventionnel, ou qu'il soit légal, l'introduction des actions utiles n'a jamais eu d'autre but que d'écarter les inconvénients de l'ancienne procuratio, (loi 47, par. 1, De neg. gest., au Dig.; 3, 5).

Nous avons dit que la cession transporte au cessionnaire tous les droits du cédant contre le cédé. Ce principe posé en ces termes est trop général et trop absolu, et il faut user de distinctions, pour résoudre cette question : Tous les priviléges qui appartenaient au cédant continuent-ils d'appartenir au cessionnaire ? Il y a deux grandes classes de privilegia : les privilegia personæ, et les privilegia causæ. Les privilegia personæ accordés ad intuitum personæ, appartiennent au fisc, au prince, aux villes, à la femme dotale, à la fiancée si le mariage n'a pas lieu, aux pupilles, mineurs, muets, sourds, contre ceux qui ont été leurs tuteurs, curateurs, ou qui ont administré leurs biens, en qualité de negotiorum gestores, (loi 19, au Dig., De reb. auct. judic. ; 42, 5. — Loi 17, par. 1, de notre Titre au Code). Ces privilegia personæ sont encore quelquefois désignés sous le nom de privilegia exigendi.

Quant aux privilegia causæ, ils sont attachés aux frais funéraires, aux dépenses faites pour la reconstruction d'une maison, pour l'achat, la réparation, l'armement d'un navire, et aussi aux créances provenant d'un dépôt d'argent chez un banquier. Ils participent de la nature même de la dette, ou sont fondés sur une idée de conservation, (loi 25, au Dig., De reb. cred.; 12 1. — Loi 5, au Dig., Qui potior.; 20, 4).

Demandons-nous maintenant de quels privilegia va jouir le cessionnaire : des privilegia personæ seulement. Cela résulte des termes très-formels et très-exprès de la loi 196, au Dig., de div. reg. juris, (50, 17) : « Privilegia « quædam causæ sunt, quædam personæ; et ideo quæ- « dam ad heredem transmittuntur, quæ causæ sunt; » quæ personæ sunt, ad heredem non transeunt. » En ce sens encore, la loi 68, au même titre; la loi 42, de adm. et peric. tutor., au Dig.; (26, 7). Ce dernier texte, la loi 42, semble contradictoire, en refusant le privilége au cessionnaire, avec la loi 24, par. 3, de rebus auctor. jud., au Dig.; (42, 5), qui lui accorde ce privilége. Mais c'est précisément par la distinction que nous venons de faire, que l'on doit concilier ces deux lois : dans un cas, il s'agit des privilegia causæ; dans l'autre, des privilegia personæ.

Nous n'avons parlé jusqu'ici que des priviléges qui touchent au fond du droit. Ceux qui n'ont trait qu'à la procédure ne passent pas, sans aucun doute, au cessionnaire. Tel est le privilegium fori, le privilegium de non appellando, le beneficium ætatis, le droit d'exiger caution du demandeur. Ils ne passent pas au cessionnaire, parce que, tout en exerçant le droit d'autrui, le cessionnaire fait le procès sien, (loi 7, par. 3, au Dig., de min. XXV annis; 4, 4. — Loi 5, au Code, ubi causæ fiscales; 3, 26).

Disons quelques mots, avant de finir notre première section, des priviléges qui sont nés dans la personne même du cessionnaire. Pour être logiques et conséquents avec nous-mêmes, nous devons, appliquant ce principe de la transmission au cessionnaire des droits qui compétaient au cédant contre le cédé, déclarer que le cessionnaire ne peut réclamer des priviléges qui lui sont personnels. Cependant, les lois 6, de jure fisci, au Dig.; (49, 14); 17, par. 6, et 43, de usuris, au Dig.; (22, 1), semblent contredire notre théorie. Car elles accordent au fisc cessionnaire le droit d'invoquer son privilegium exigendi. Mais cette objection ne doit pas nous arrêter. En effet, ces textes supposent des cas de succession universelle; or, on ne peut conclure de la succession universelle à la cession d'actions.

DEUXIÈME SECTION

DROITS DU CÉDÉ, VIS-A-VIS DU CESSIONNAIRE.

Deux principes sont en jeu que l'on doit appliquer en notre matière. Le premier, qui peut se formuler ainsi : « Nemo plus in alterum juris transfert, quam ipse habet, » nous conduit à décider que le cédé peut opposer au ces-

sionnaire les droits qu'il eût pu opposer au cédant. Le
second nous force d'admettre que la position du cédé ne
peut, par le fait de la cession, se trouver aggravée : en
effet, « res inter alios acta alteri neque nocet, neque prodest. » Voyons donc quelles sont les exceptions dont le
cédé peut se prévaloir, à l'encontre du cessionnaire.

Et, pour cela, distinguons :

1. Les exceptions ex ipsa nominis causa descendentes.

2. Les exceptions ex persona cedentis.

3. Les exceptions ex persona cessionarii.

4. Les exceptions ex persona debitoris.

I. — *Exceptions ex ipsa nominis causa.*

Le cédé peut opposer au cessionnaire ces exceptions,
parce qu'elles affectent la cause même de la créance, et
que la cession n'a pu modifier le fond du droit. Ce sont
les exceptiones senatus-consulti Macedoniani, senatus-
consulti Velleiani, indebiti, læsionis ultra dimidium, non
numeratæ pecuniæ.

II. — *Exceptions ex persona cedentis.*

Ce sont les exceptions tirées du dol, du paiement, de
l'acceptilatio, de la novatio, de la compensatio, de la tran-
sactio, du pacte de non petendo, du serment, de la chose
jugée. Il faut toujours supposer que la cause en est anté-

rieure à l'un des trois faits qui paralysent les droits du cédant, (loi 17, au Dig., de transact.; 2, 15. Code, loi 3, de novat.; 8. 41). Nous avons déjà étudié ce point. Ces exceptions paralysent ou modifient la créance : il est de toute équité que le cédé puisse les opposer au cessionnaire, comme il eût pu le faire au cédant, qui n'a transmis que les droits qu'il avait lui-même.

Cependant, l'exception tirée du dol du cédant, et celle du pacte de non petendo, ont soulevé des difficultés, dont nous avons à dire quelques mots.

Nous croyons que le dol du cédant peut toujours être invoqué contre le cessionnaire par le cédé. Pourtant deux autres systèmes se sont produits sur la question, et nous devons réfuter les objections qu'ils font à notre théorie. Les uns distinguent si la cession a été faite à titre gratuit, ou à titre onéreux. Ils se fondent sur la différence qui sépare l'exception quod metus causa, par exemple, qui est in rem, de l'exception doli mali qui est in personam. La première, disent-ils, est opposable à toute personne, même étrangère à la violence ; la seconde ne l'est qu'à l'auteur du dol, (Loi 2, par. 1, loi 4, par. 33, au Dig., De doli mali et metus except., 44. 4). Mais, outre que les textes ne qualifient pas toujours de personalis l'exceptio doli, (loi 2, par. 2, De doli mali et metus except., au Dig. ; 44, 4), ne faut-il pas admettre en principe que peut être opposé au demandeur le dol qui émane d'une autre personne, pourvu que cette personne soit de celles dont le dol nuit au demandeur? C'est surtout sur la loi 4, par. 27. De doli mali et met. except. ; (44, 4, au Digeste), que repose le système que nous combattons. Ainsi, éclairons ces principes par un exemple: Primus vend son fonds à Secundus ; Secundus à l'occasion de ce contrat, s'est rendu coupable de dol. Il revend ce fonds à Tertius. Puis par une circonstance quelconque, le fonds retourne aux mains de Primus. Primus peut-il opposer à Tertius revendiquant l'exception de dol qu'il aurait pu opposer à Secundus ? Non, dit le texte. Et nos adversaires ajoutent : pourquoi ne pas étendre cette décision au cas qui nous occupe? La réponse est facile. Il y a de grandes différences à faire entre la succession à un droit réel, et la cession d'un droit de créance. Dans le premier cas, le nouveau propriétaire agit, en vertu d'un droit qui lui est propre ; tandis que le cessionnaire lui, n'a que le droit qu'avait le cédant : il agit ex alieno nomine.

Les partisans de la seconde opinion, que nous rejetons également, distinguent entre le dol rei coherens, et le dol ex postfacto. Le premier seul peut être opposé par le cédé au cessionnaire. Cette distinction repose sur la loi 4, par. 17, de doli mali et met. except., au Dig.; (44 4). Cette loi dit que le dol du fils de famille ou de l'esclave ne peut être opposé au père de famille ou au maître, que s'il a été commis, lors de la naissance de l'obligation. Mais quel rapport a cette décision avec le point qui nous occupe ? Le père et le maître, en effet, ne sont pas des cessionnaires, et on ne peut argumenter de lois qui les concernent, pour la solution de notre question. En résumé, nous croyons que le débiteur peut opposer au cessionnaire le dol du cédant, parce que cela est de l'essence de la cession.

On s'est encore demandé s'il fallait donner la même décision, en ce qui concerne l'exception tirée du pacte de non petendo. Des auteurs ont admis la négative, et ont voulu affranchir le cessionnaire de cette exception. Mais nous repoussons ce système avec force, parce qu'il porte brèche, selon nous, à la théorie de la représentation du cédant par le cessionnaire. Je sais bien que, dans le camp opposé, on invoque la loi 28, par. 2, au Dig., de pactis (2, 14); et la loi 57, par. 1 du même titre. Mais ces textes ne prouvent rien contre notre doctrine, et si on admettait qu'ils fussent susceptibles d'une interprétation extensive, on irait implicitement jusqu'à consacrer une violation flagrante de la foi jurée; puisque le cédant en faisant cession, pourrait se décharger de toute conséquence résultant d'un engagement antérieur. C'est à cela que se trouvent fatalement conduits ceux qui admettent que le pacte de non petendo n'est pas obligatoire pour le cessionnaire.

III. — *Exceptions ex persona cessionarii.*

Ces exceptions peuvent être opposées au cessionnaire par le débiteur cédé. Telle est l'exceptio doli, celle venant d'un pacte de non petendo, d'une transaction : que cela soit intervenu avant ou après la litis contestatio ou la denuntiatio, peu importe, (Dig. : loi 4, par. 18, de doli mali et metus except.; 44, 4.—Loi 10 et loi 11, de pactis; 2, 14). Telle est encore l'exception tirée du paiement, de la novation, de la chose jugée, du serment. Enfin, citons les exceptions ad legitimationem causæ, ou celles qui ont trait aux qualités du demandeur.

Mais, peut-on dire, le cessionnaire est, par rapport au cédé, le mandataire du cédant. Or, le mandataire ne peut compromettre le droit du mandant. Et n'est-ce pas ce qu'il fait, en consentant au débiteur un pacte de non petendo ?

Sans doute, le cessionnaire est le mandataire du cédant; mais il a reçu du cédant un mandat tout particulier, un mandat in rem suam. Et, comme le bénéfice de l'opération doit en définitive lui rester, on ne doit pas s'étonner si les traits du cédant disparaissent sous ceux du cessionnaire.

IV. — *Exceptions ex persona debitoris.*

Ce sont les exceptions qui proviennent ex sua persona, c'est-à-dire, à raison de sa position personnelle vis-à-vis du cédant. Cela comprend le délai de grâce, et le beneficium competentiæ, ou beneficium in quantum debitor facere potest. Ce bénéfice est accordé à l'ascendant, au père, au patron, à l'associé, au mari, au militaire, au donateur, au débiteur qui a fait cession de biens et en a acquis de nouveaux, (Dig. : loi 16, par. 20, de re judic.; 42, 1. — Loi 27, sol. matrim.; 24, 3). Le débiteur peut opposer ces exceptions au cessionnaire parce que c'est de la loi que lui vient ce bénéfice favorable, et que la cession n'a pu rendre sa condition pire. Muhlenbruch, s'en tenant aux rapports directs et personnels qui ont leur source précisément dans ces faveurs légales, dénie au débiteur le droit de s'en prévaloir contre le cessionnaire. Il s'appuie sur la loi 41, Pr., de re judic., au Dig.; (42, 1). Mais ce texte suppose une délégation. Or, on ne peut comparer une opération qui crée des rapports nouveaux, avec la transmission régulière d'un droit de créance antérieurement constitué. Du reste, une considération bien simple s'oppose à l'admission du système contraire. En effet, il n'irait rien moins qu'à supprimer une faveur que le débiteur tient de la loi : le créancier n'aurait qu'à céder sa créance, pour rendre illusoire la protection dont la loi a entouré le débiteur.

Ces différentes exceptions que le cédé opposera au cessionnaire doivent-elles toujours nécessairement triompher ? Non. Le cessionnaire peut y répondre. D'abord, il peut faire usage de toutes les répliques qui ne tiennent qu'à la procédure, et qui lui sont personnelles. Tel serait le privilegium fori. En second lieu, conséquence encore du principe de la représentation du cédant par le cessionnaire, ce dernier peut opposer au cédé les répliques que le créancier eût pu lui-même opposer au débiteur : toutes les répliques tirées, comme les exceptions, de la cause de la créance, de la personne du débiteur, du cédé, ou du cessionnaire lui-même. Ainsi, le cessionnaire répondra par la réplique si nihil contra hoc pactum postea factum fuerit, à l'exceptio pacti conventi.

Avant de terminer notre paragraphe, nous avons à résoudre une question controversée, que l'on peut formuler en ces termes : le cessionnaire est-il obligé de défendre à la demande reconventionnelle formée contre lui, du chef de son cédant ? Voici l'espèce sur laquelle roule le débat: le cessionnaire poursuit le cédé, en paiement d'une dette de 1000 fr. Le cédé peut-il lui répondre : je reconnais parfaitement la dette ; mais comme je suis créancier de votre cédant pour 500 fr., je ne vous paierai que 500 fr. puisqu'il y a compensation légale, jusqu'a due concurrence? Je crois que le cédé ne peut pas tenir ce langage au cessionnaire ; et je m'appuie pour soutenir cette opinion sur les lois 33 par. 5, et 70, De procurator., au Dig. (3, 3). C'est le système de Cujas (Ad Leg., 70 De procurat. ; VII, p. 695). Ici nos adversaires nous arrêtent aussitôt, en nous opposant un texte qui semble contredire ces deux lois ; ce texte c'est loi 34, De procurat., au Dig, ; (3, 3). La loi 34 permet au cessionnaire de se soustraire à la demande du cédé. Sans doute, je le reconnais, les textes sont difficilement conciliables. Mais ils ne peuvent cependant pas donner lieu à la distinction que l'on veut établir entre la cession

à titre gratuit et la cession à titre onéreux. Car il faut,
pour admettre cela, traduire les mots ex necessitate par
titre onéreux. Ce qu'on ne peut faire, qu'en forçant le sens
des expressions et en dénaturant la pensée du jurisconsulte qui a écrit cette loi (Sande : C. X, n° 7). Mais, si les
textes résistent à la distinction entre le titre gratuit et le
titre onéreux, au moins résulte-t-il, d'une manière évidente, des dispositions légales la différence suivante : le
cessionnaire est soumis à la demande reconventionnelle,
dans tous les cas de cession volontaire (c'est ce que supposent les lois 33 et 70) ; tandis qu'il y échappe, quand la
cession est faite ex necessitate, (c'est le cas prévu par
la loi 34). Cette distinction au reste, se justifie en principe :
en effet, quand le cédant et le cessionnaire ont contracté
ensemble en toute liberté, il est juste que leurs droits
soient égaux. Mais, lorsque la cession a été faite ex necessitate, le cédé ne peut se plaindre de la pression exercée
sur le cédant.

QUATRIÈME PARAGRAPHE

Rapports entre deux cessionnaires successifs du même cédant.

Nous connaissons les principes généraux : le cédant ne
peut donner au second cessionnaire plus de droit qu'il

n'en avait lui-même, lors de cette seconde cession.
Voyons donc quels sont les droits qui restent aux mains
du créancier qui a fait cession de sa créance. Le cédant,
nous l'avons montré, peut conclure des pactes avec le
débiteur, consentir de nouvelles cessions du même droit,
pourvu que ces faits précèdent la notification du cessionnaire (loi 55, au Dig., De procurator. 3, 3). La loi 23,
par. 1, de notre titre, au Digeste, précise bien les obligations du vendeur envers l'acheteur : « Nominis venditor
« quidquid, vel compensatione, vel exactione fuerit con-
« secutus, integrum emptori restituere compellatur.» Une
fois l'abandon du droit, les Romains consacrent la préférence
du cessionnaire sur le créancier primitif. Cela résulte de
la loi 55, De procurat., que nous venons de citer ; (Digeste : 3, 3).

Si un créancier a cédé successivement son droit à deux
personnes différentes et qu'un conflit éclate entre elles,
nous devons décider, appliquant les principes que nous
avons posés, qu'ont pu être cédés seulement les droits qui
restaient au cédant, vis-à-vis du premier cessionnaire.
Si donc aucun des trois faits prévus par la Constitution de
Gordien n'est intervenu, le second cessionnaire peut toucher la somme due, passer un traité avec le débiteur, etc.
En dehors de cela, le premier cessionnaire sera toujours
préféré au second.

APPENDICE

RÉFORMES D'ANASTASE ET DE JUSTINIEN : RESTRICTIONS MISES AUX EFFETS DE LA CESSION DE CRÉANCE

Nous avons montré la nécessité dans laquelle se trouvè. rent les empereurs de réprimer par des constitutions les abus que fit naître la multiplicité des cessions de créances. Il fallait punir les exigences illégales et la mauvaise foi des spéculateurs à l'affût des débiteurs malheureux. C'est ce but que cherchèrent à atteindre Anastase et Justinien. Anastase par la loi connue sous le nom de Lex per diversas, (loi 22, au Code, Mand., vel contra ; 4, 35), défend à tout acheteur de créances de réclamer du débiteur plus qu'il n'a payé lui-même au cédant, y compris les intérêts de son prix.

C'est le même esprit, esprit de protection pour les débiteurs et de répression des créanciers « alienis fortunis inhiantes», qui avait déjà inspiré la constitution par laquelle Claude avait défendu aux potentiores de se rendre cessionnaires de créances (Sent. de Paul: V, 12, par. 7. — Loi 22, au Dig., De jure fisci ; 49, 14).

C'est encore sous l'impression des mêmes idées que Constantin prohiba la vente des créances litigieuses, (loi 2, au

Code, De litigios., 8 36), prohibition consacrée à nouveau par Justinien. Nous en avons déjà parlé au sujet des cessions litigieuses, et des cessions nécessaires. (Nov. 112, 1).

La constitution d'Anastase dépassa le but qu'elle voulait atteindre. En détruisant les abus, l'empereur porta en même temps un coup fatal au commerce. Car la cession de créances est une des opérations les plus avantageuses au crédit. Avec la constitution d'Anastase, qui sera assez peu soucieux de ses intérêts pécuniaires, pour acheter une créance, fût-ce à bas prix, alors qu'il n'est pas sûr de rentrer dans ses déboursés ?

La constitution d'Anastase cesse de s'appliquer dans trois circonstances favorables, où l'on n'a pas à craindre l'appât d'un lucre odieux :

1. Partage entre cohéritiers, colégataires, fidéicommissaires. Le but de cette dérogation au principe est d'éviter des recours lents et coûteux, et de faciliter les opérations de partage.

2. Datio in solutum. — En effet, il y a ici une créance contre un débiteur insolvable. Or le créancier a bien dû accepter ce qu'il pouvait retirer de ce débiteur.

3. Droits cédés au détenteur d'une chose, pour consolider sa possession. La cession est ici nécessaire ; car le possesseur n'a acheté que pour s'assurer la possession de la chose. Ces cas sont-ils les seuls qu'il faille exclure de la loi per diversas, et cette énumération est-elle limitative ? Il y a bien encore les cessions à titre gratuit, et les ces-

sions nécessaires, qui ne tombent pas sous le coup de la constitution d'Anastase. Mais ce sont les seules. Et je crois que Dumoulin a eu tort de vouloir restreindre la loi per diversas aux créances douteuses (De usuris ; 9 62).

En tout cas la constitution anastasienne ne porte que sur les créances acquises par voie d'achat : cela exclut celles qui sont cédées paréchange, donation, et celles qui sont vendues, comme faisant partie d'une universitas. Ajoutons les créances constatées par billets, et les obligations sur l'État ; car elles sont appelées naturellement à favoriser les transactions, et à faciliter les affaires.

Toute loi trop sévère et trop rigoureuse arrive fatalement à être éludée. Aussi, on trouva dans la constitution même, le moyen de déjouer les prescriptions d'Anastase. La loi per diversas ne s'appliquait qu'aux cessions à titre onéreux. Que fit-on? Les acheteurs imaginèrent de scinder l'opération ; ils vendirent pour le prix convenu une partie de la créance, et firent donation de l'autre partie. C'est pour déjouer cette fraude que Justinien promulgua la constitution connue sous le nom de Ab Anastasio (Loi 23, au Code, Mandati; 4, 35). Sans tenir compte de ces donations factices, le débiteur peut se libérer en remboursant au cessionnaire son prix réel, avec les intérêts. Justinien alla même dans une constitution qui fut retrouvée par Cujas dans les Basiliques (Loi 24, Mandati, au Code ; 4, 35), jusqu'à abroger les exceptions d'Anastase.

Terminons par la question suivante : à qui incombe la

preuve du quantum du prix? On est presque d'accord pour mettre le fardeau de la preuve à la charge du cessionnaire. Les principes généraux appuient ce système : il est demandeur. Or, le demandeur doit prouver non-seulement le fondement de son droit, mais le quantum de ce droit lui-même (Muhlenbruch, Tr. de la cession ; par. 61, p. 605. Dig. : Loi 2, De probat. et præsumpt. ; 22, 3.— Code : Loi 18, De testibus ; 4, 20).

DROIT COMMERCIAL

PRÉFACE

« L'emprunt sur gage est entré, de nos jours, dans le
« monde des affaires grandes et honnêtes. Il y multiplie
« la fortune mobilière, déjà si considérablement accrue,
« et il l'aide à se répandre dans le pays, pour féconder le
« travail, sous toutes ses formes. Le contrat de gage a
« conquis l'affranchissement et la liberté. »

C'est ainsi que s'exprimait le rapporteur du Projet de la
loi de 1863. Ces paroles montrent bien l'importance du
sujet de notre étude. Le gage occupe une large place
dans les établissements de crédit les plus considérables :
Magasins généraux, Banque de France, Crédit Foncier.
Nous montrerons le rôle de ces maisons de prêts sur
dépôt de titres. Nous nous attacherons à bien déterminer

les prérogatives qui leur ont été accordées, et les priviléges dont les ont entourées les lois spéciales que dicta l'intérêt du commerce et de l'industrie.

La fortune mobilière a pris, de nos jours, une grande extension. Les capitaux ne doivent pas rester inactifs, car la circulation est la vie des affaires. Il faut que la marchandise puisse être, à la fois, l'objet d'une vente et d'un nantissement. Il faut que, même en voyageant, elle soit un élément de crédit. C'est ainsi que, par la transmission du connaissement et de la lettre de voiture, elle attire à elle les capitaux. Une opération si essentiellement commerciale que le gage ne pouvait pas toujours être soumise aux règles du droit civil. Voilà pourquoi la loi de 1863 est venue donner au gage commercial une existence isolée et indépendante.

Ces franchises seront-elles un jour étendues au gage civil : y aura-t-il bientôt application aux transactions civiles des salutaires principes posés par le législateur de 1863, en faveur du gage commercial ? Nous le souhaitons vivement. Les intérêts civils et les intérêts commerciaux seront ainsi unis par une fraternité qui fera leur force. Si des besoins différents les séparent, si des usages qui ont force de lois en font deux classes isolées et distinctes, il faut cependant reconnaître qu'ils se relient entre eux par les principes communs qui sont les notions de droit naturel et d'équité.

GAGE COMMERCIAL

Avant d'aborder la législation actuelle, c'est-à-dire la loi de 1863, qui a remplacé les articles 91, 92 et 93 du Code de Commerce, il me semble utile et intéressant de présenter une rapide esquisse historique du Gage Commercial. Il y a en quelque façon trois phases dans l'histoire du Gage :

1° Le Droit de l'Ordonnance du 23 mars 1673 ;

2° Le Code de Commerce ;

3° La loi de 1863.

Parcourons brièvement ces différentes périodes.

Le titre vi du Code de commerce ne contenait d'abord aucune règle relative au Gage : il était consacré tout entier aux commissionnaires, entrepreneurs de transport, et voituriers.

Et cependant, l'utilité du Gage, au point de vue du crédit commercial s'impose trop impérieusement pour que l'on puisse supposer que ce contrat n'était pas autrefois usité dans la pratique des affaires.

Mais on a longtemps confondu le Gage commercial avec
le Gage civil. L'ordonnance du 23 mars 1673 étant muette
sur le Gage commercial, on lui appliquait le droit civil.
Voici au surplus les deux articles de cette ordonnance qui
ont trait à notre matière. Art. 8 du titre VI : « aucun prêt
« ne sera fait sur gage, qu'il n'y en ait un acte par devant
« notaire, dont sera tenue minute, et qui contiendra la
« somme prêtée et les gages qui auront été délivrés, à
« peine de restitution des gages, à laquelle le prêteur sera
« contraint par corps, sans qu'il puisse prétendre de
« privilége sur les gages, sauf à exercer ses autres
« actions.» — Art. 9 : « les gages qui ne pourront être
« exprimés dans l'obligation seront insérés dans une
« facture ou inventaire, dont sera fait mention dans l'obli-
« gation ; et la facture ou inventaire contiendra la
« quantité, qualité, poids et mesures de marchandises ou
« autres effets donnés en gage, sous les peines portées par
« l'article précédent. » Cette disposition prévenait et
punissait une fraude qui se renouvelait souvent, avant 1673:
des négociants de mauvaise foi mettaient de côté des
marchandises dont se trouvait nanti un prétendu créancier
gagiste, lequel n'était lui-même que le complice de la
fraude. Cela n'est plus possible avec les articles 8 et 9 ;
mais cette ordonnance, si elle parait à un inconvénient de
l'ancien régime, était encore loin de satisfaire cependant
à toutes les exigences de la pratique commerciale : on
sentait le besoin de s'affranchir des entraves qu'apportaient

dans les affaires ces formalités lentes et coûteuses qui entouraient le gage civil.

La célérité des relations commerciales veut des formes promptes et peu compliquées. En vain disait-on que les formalités du droit civil empêchent la fraude ; les moyens de preuve admis en droit commercial réfutent cette objection. On comprenait si bien cela, même déjà en 1673, que l'on n'appliquait qu'avec une grande réserve les dispositions de cette ordonnance. Il était devenu de jurisprudence que le privilège pouvait exister sans acte notarié, quand il y avait expédition de marchandises de place en place, ou que les Tribunaux étaient assurés de la bonne foi des contractants. Malgré tout, ce tempérament était mauvais ; car il tendait à éluder la loi.

Aussi, c'est sous l'inspiration de ces idées que fut édicté l'art. 2084 du Code civil, qui est ainsi conçu : « Les dispo-« sitions ci-dessus, (c'est la réglementation du gage « civil), ne sont applicables, ni aux matières de commerce, « ni aux maisons de prêt sur gage autorisées, et à l'égard « desquelles on suit les lois et règlements qui les con-« cernent. » Cet art. 2084 provoquait et annonçait des dispositions législatives spéciales au Gage commercial. Une loi fut en effet promulguée, le 15 septembre 1807 : c'était le Code de commerce ; mais les commerçants reconnurent bien vite toute son insuffisance, et les anciennes lois dont on demandait l'abrogation continuèrent à subsister. Il y avait bien les articles 93 et 95 qui mentionnaient des espèces relatives au contrat de Gage ; mais ce sont des cas exceptionnels et rentrant plutôt dans le contrat de commission que dans le contrat de Gage.

Ainsi, l'art. 93 est ainsi conçu : « tout commissionnaire « qui a fait des avances sur des marchandises à lui « expédiées d'une autre place, pour être vendues pour le « compte d'un commettant, a privilége, pour le rembour- « sement de ses avances, intérêts et frais, sur la valeur « des marchandises, si elles sont à sa disposition, dans ses « magasins, ou dans un dépôt public ; ou si, avant « qu'elles soient arrivées, il peut constater, par un con- « naissement ou par une lettre de voiture, l'expédition « qui lui en a été faite. » On voit que cet article a pour principal objet le privilége du commissionnaire : dans les circonstances qu'il prévoit, la fraude est en effet peu aisée ; et la rédaction d'un acte écrit serait ici une gêne inutile qui ne ferait que paralyser les affaires. L'art. 95 s'occupe encore du privilége du commissionnaire : « Tous « prêts, avances ou paiements, qui pourraient être faits « sur des marchandises déposées ou consignées par un « individu résidant dans le lieu du domicile du commis- « sionnaire, ne donnent privilége au commissionnaire ou « dépositaire, qu'autant qu'il s'est conformé aux disposi- « tions prescrites par le Code civil, liv. iii, tit. xviii, pour « les prêts sur gages ou nantissements. » L'art. 95 suppose des individus qui sont dans le même lieu : l'inventaire peut donc être fait facilement, et il n'y a aucune raison suffisante pour en dispenser les parties contractantes.

En dehors des art. 93 et 95, le Code de commerce est absolument muet sur le gage. Le Tribun Gary comprenait bien qu'il y avait là une lacune, lorsqu'il s'exprimait ainsi, dans le cours de la discussion du projet de loi : « le commerce « est lié à des vues supérieures de politique et d'admi- « nistration : il se régit par des règles qui lui sont « propres. » Mais cet appel ne fut pas entendu, et aucune loi ne vint combler le vœu de l'art. 2084 du Code civil, qui voulait donner au Gage commercial une existence toute indépendante. A la décharge du législateur de 1807, et pour le laver de ce reproche d'oubli qu'on lui a si souvent imputé, on peut dire que le crédit avait alors une importance beaucoup moins considérable que de nos jours: le commerce d'importation ne se faisait que sur une petite échelle; et les valeurs industrielles, qui constituent aujourd'hui, en grande partie, la fortune mobilière, n'avaient pas acquis le développement qu'elles ont atteint de nos jours. Voilà ce qui explique cette assimilation entre le gage civil et le gage commercial. Cependant, une réforme était nécessaire. Sans doute, la jurisprudence cherchait, par des arrêts constants, à combler les lacunes de la loi, en élargissant le texte des articles 93 et 95 ; malgré cela, les procès auxquels donnaient lieu ces articles étaient nombreux, et le mal n'avait pas encore trouvé de remède. Les seules lois qui avaient été publiées sur le gage en matière de commerce, étaient des lois spéciales et exceptionnelles : c'était une faveur dont bénéficiaient seulement certains établissements de crédit : Banque de France, Comptoirs d'Escompte et Sous-comptoirs de Garantie, Crédit Foncier, Magasins Généraux ; nous reviendrons plus tard, en les détaillant, sur ces différentes lois. Mais, je le répète, de 1808 à 1863, sauf ces législations d'exception, on restait sous les errements de l'ordonnance de 1673. C'est donc avec une satisfaction facile à comprendre, que le commerce accueillit la loi du 23 mai 1863.

« L'objet du projet de loi, disait l'orateur chargé de
« l'exposé des motifs, est de tenir la promesse de
« l'article 2084 du Code civil, et de combler les lacunes de
« la législation, en ce qui concerne le gage commercial.
« L'emprunt sur gage a cessé d'être cette opération dis-
« créditée, dans laquelle un débiteur obéré ne trouvait
« qu'avec peine et à grands frais un créancier qui con-
« sentait, toujours avec défiance, à accepter un nantisse-
« ment. Il est devenu, au contraire, une convention hono-
« rable, et d'une utilité usuelle. Il est sorti des mains de
« l'usure, pour entrer dans le monde des affaires grandes
« et honnêtes. Il y multiplie la fortune mobilière, déjà si
« considérablement accrue, et il l'aide à se répandre dans
« le pays, pour féconder le travail, sous toutes ses formes.
« Le contrat de gage a conquis l'affranchissement et la
« liberté. » Cette citation fait bien comprendre dans quel esprit a été édictée la loi de 1863, et combien ses

rédacteurs étaient soucieux de la prospérité du commerce
français. La loi de 1863 a été intercalée dans le titre vi du
Code de commerce, à cause de l'analogie du privilége du
commissionnaire, avec le privilége du créancier gagiste.
Et puis, sans rendre nécessaire une révision complète, il a
été possible ainsi de réserver les art. 91, 92 et 93 au
Gage, en faisant rentrer dans les art. 94 et 95 tout ce qui
s'applique aux commissionnaires. En un mot, les articles
sont modifiés, sans que le nombre en soit changé.

Nous connaissons les précédents historiques qui ont
donné naissance à la législation qui régit aujourd'hui le
gage commercial. Passons maintenant au développement
de la loi de 1863. Nous diviserons cette étude en trois parties qui correspondront chacune à un des articles du
Code de commerce modifié.

L'article 91 sera la réponse aux questions suivantes :
entre quelles personnes se passe le contrat de gage, quels
sont les modes de le prouver ; comment il se forme, suivant la nature différente des valeurs engagées. C'est la
première partie.

La seconde aura trait aux conditions et aux effets du
privilége du créancier gagiste. C'est l'art. 92.

Enfin, l'objet de la troisième partie sera la réalisation
du gage ; art. 93, ou vente des objets donnés en gage, et
nullité du pacte commissoire.

PREMIÈRE PARTIE

—

Pour la plus complète intelligence de l'art. 91, cette première partie sera divisée en six paragraphes :

1° Quelles personnes sont comprises dans la disposition du premier alinéa de l'art. 91 qui renvoie à l'art. 109 du Code de commerce ?

2° Modes de preuve en général organisés par l'art. 91.

3° Gage des valeurs négociables. Art. 91, 2°.

4° Gage des valeurs dont la transmission s'opère par un transfert sur les registres de la société. Art. 91, 3°. ,

5° Gage des créances mobilières dont le cessionnaire ne peut être saisi, à l'égard des tiers, que par la signification du transport faite au débiteur. Art. 91, 4°.

6° Art. 91, in fine. Les effets de commerce donnés en gage sont recouvrables par le créancier gagiste.

PREMIER PARAGRAPHE

Quelles sont les personnes comprises dans la disposititlon du premier alinéa de l'art. 91, qui renvoie à l'art. 109 du Code de commerce ? En autres termes : quand le gage est-il civil ? Quand est-il commercial ?

L'art. 91 commence ainsi : « Le gage constitué, soit par « un commerçant, soit par un individu non commerçant, « pour un acte de commerce, etc...»

L'art. 91 ne nous donne pas la définition du gage. C'est à l'art. 2072 du Code civil, qu'il faut se reporter, pour combler cette lacune. « Le nantissement d'une chose mo- « bilière s'appelle gage, dit le premier alinéa de l'art. « 2072. » Cette définition est applicable en droit commer- cial comme en droit civil : faisons seulement tout de suite une observation fort importante ; c'est que le gage est beau- coup plus pratique, dans les relations commerciales que dans les affaires civiles ; et cela tient à une raison bien simple ; le gage, en effet, est avant tout un élément fécond de crédit. Or, le crédit, n'est-ce pas là quelque chose de commercial en soi ? Quoi qu'il en soit, il y a deux sortes de gages : le gage civil, d'une rare application ; et le gage commercial, d'un usage très-fréquent. Pour bien les

distinguer l'un de l'autre, définissons le gage commercial ;
le gage civil sera celui qui ne rentrera pas dans cette
définition : le gage est commercial, lorsqu'il est constitué, soit par un commerçant, soit par un non commerçant, pour un acte de commerce. De cette définition il résulte, à contrario, que le gage constitué par un non
commerçant, même au profit d'un commerçant, pour un
acte non commercial, n'est pas un gage commercial. En
d'autres termes, il y a gage commercial, toutes les fois
qu'un individu, commerçant ou non, emprunte une somme
d'argent qu'il emploie à une opération commerciale, et
pour sûreté de laquelle il donne un nantissement. La
qualité de l'emprunteur, quant au fond du droit, est donc
indifférente. Que l'on ne nous oppose pas l'art. 638,
par. 2. qui contient une présomption de commercialité.
Car je ne crois pas qu'il faille l'étendre au-delà de ses
termes et de son esprit. C'est une question de compétence
qu'il vise, et seulement une question de compétence.
Je trouve la preuve de cette théorie dans la ponctua-
tion même de l'art. 91 : les mots « pour un acte de
commerce » s'appliquent au commerçant, aussi bien
qu'au non commerçant. A côté de cette raison tirée du
contexte même de l'art. 91, on peut en donner une autre
en quelque sorte plus juridique, et qui établit en même
temps la faveur si grande dont le législateur de 1863,
réparant en quelque façon l'oubli et les lacunes de ses
devanciers, a voulu entourer le commerce. Mais cette

faveur est restée applicable au commerce seulement ; et, malgré les réclamations de la commission, lors de la confection de la loi, l'innovation ne pénétra pas dans le gage civil. Le conseil d'État répondit toujours aux trop hardis novateurs que la loi que l'on discutait ne devait modifier que les dispositions du Code de commerce, et ne toucher en aucune façon au Code Napoléon. Voilà pourquoi, comme nous le faisions remarquer plus haut, le gage constitué en dehors d'un acte de commerce, est régi par le droit civil. Maintenant, quand y a-t-il acte de commerce ? C'est là une question de droit souvent fort délicate à résoudre, et dont l'examen nous entraînerait bien au delà des limites de ce travail.

Il résulte de ce qui précède que le gage est un contrat accessoire, qui prend le caractère de la convention principale : il est commercial, s'il se rattache à un acte réputé commercial par sa nature, ou par la qualité de celui qui fait cet acte ; dans les cas contraires, il est civil. Cette distinction, je le répète, est fort importante, puisque différentes sont les règles qui régissent le gage commercial de celles qui s'appliquent au gage civil. Pour ne citer qu'un des intérêts de la question, on peut dire que la compétence n'est pas la même dans les deux cas ; et c'est seulement quand le gage est commercial que sont compétents les tribunaux de commerce. Un arrêt de la Cour de Montpellier, (du 11 février 1842), met bien en lumière cette théorie, quand il décide que le nantissement pour une lettre de change est commercial, parce que la lettre de change est un acte commercial en soi, et que l'accessoire suit le sort du principal.

Seulement, il faut ne pas perdre de vue ceci : c'est que le Code civil est le droit commun, et le Code de commerce l'exception. Or, toutes les fois que l'on n'est pas dans les termes précis et formels de l'exception, on retombe sous l'empire de la règle : partant, le Code civil est applicable au gage commercial, en tous les points qui n'ont pas été prévus par le Code de commerce. C'est ce que dit le projet de loi : « Les rédacteurs du Code de commerce ont cons-« tamment procédé de la manière suivante : ils ont pris, « en toute matière comme base de leur travail, sans qu'il « fût même nécessaire d'y renvoyer expressément, les « principes et les règles du Code civil ; s'attachant seule-« ment à les compléter ou à les modifier, quand il était nécessaire pour les besoins du commerce. » Telle est aussi la théorie qu'ont suivie les législateurs de 1863.

DEUXIÈME PARAGRAPHE

Modes de preuve en général, organisés par l'article 91.

« Le gage, continue l'art. 91, se constate, à l'égard des « tiers, comme à l'égard des parties contractantes, con-

« formément aux dispositions de l'art. 109 du Code de
« commerce. » Voilà une innovation. Avant 1863, entre
les parties, la validité du gage n'était soumise qu'à l'accord des volontés : en conséquence, celui qui avait obtenu
un gage pouvait le prouver par tous les moyens possibles.
En droit commercial, outre les modes de preuve du droit
commun, les parties pouvaient se prévaloir de la disposition favorable et exceptionnelle de l'art. 109 du Code de
commerce. Depuis 1863, cela est vrai, même vis-à-vis des
tiers. Ainsi, tout gage, entre les parties et au regard des
tiers, se constate désormais: « par actes publics, par ac-
« tes sous signature privée, par le bordereau ou arrêté
« d'un agent de change ou courtier, dûment signé par
« les parties, par une facture acceptée, par la correspon-
« dance, par les livres des parties, par la preuve testimo-
« niale, dans le cas où le tribunal croira devoir l'admet-
« tre. » Ce sont les termes de l'art. 109. Ajoutons, pour
compléter cette énumération : par les présomptions des
art. 1349 à 1353 du Code civil, par l'aveu, par le serment.

Cette assimilation que fait la loi du gage aux achats et
ventes est fort équitable. En effet, si on juge que les
fraudes sont suffisamment évit es, par l'emploi des moyens
de preuve de l'art. 109, en ce qui concerne les ventes, à
l'égard des tiers ; pourquoi, aujourd'hui surtout que la
régularité des écritures commerciales est bien plus
grande qu'autrefois, ne pas mettre le gage sur la même

ligne que la vente ? C'est ce qu'a très-bien compris le rédacteur de la loi de 1863, quand il a renvoyé à l'article 109.

Avant d'en finir avec ce second paragraphe, nous avons à présenter deux observations qui se rattachent à l'art. 91 du Code de commerce. La première, c'est que cet article ne faisant pas de distinction, peu importe la résidence des contractants : qu'ils habitent la même place, ou qu'ils aient un domicile différent, l'art. 109 sera toujours applicable. En second lieu, la simple tradition va suffire désormais pour la constitution du gage sur des valeurs au porteur même à l'égard des tiers, puisqu'elle est comprise dans l'art. 109 [1]. Avant la loi de 1863, la Cour de

---

[1] Si des actions au porteur ont été remises à titre de nantissement, à celui entre les mains duquel elles se trouvent, la transmission de la propriété des actions étant régulière et complète par le seul fait de la tradition, on ne peut être admis à attaquer l'acte de nantissement, parce qu'il n'aurait pas été signifié au gérant de la société qui a émis les titres. C'est ce qu'a décidé la Cour de cassation, le 23 janvier 1860. Quant au caractère même des actions au porteur, la Cour d'Alger par un arrêt du 9 juin 1862 le définit en ces termes : « Le législateur ne pouvait évidemment « avoir en vue, en édictant l'art. 2075, les actions au porteur, « telles que le développement successif de l'industrie et du com« merce les a constituées aujourd'hui. Les dispositions de l'art. « 2075 deviennent donc sans exécution possible à l'égard de ces « valeurs. » Voici la conséquence de ce principe : pour la validité d'un nantissement consistant dans la remise d'actions au porteur en garantie d'avances à faire par un banquier sur un acte de crédit, il n'est pas nécessaire que l'acte soit signifié, la signification au débiteur étant en pareil cas impossible, puisqu'il n'existe aucun débiteur connu.

cassation faisait rentrer sous l'empire de l'art 2075 du Code Civil, le nantissement des titres au porteur, par ce motif que le droit commercial n'en disait rien ; depuis, la jurisprudence marche d'accord avec la nouvelle loi, et applique à ce nantissement le primo de notre article 91. C'est ce qui résulte, par à contrario, d'un arrêt de la Cour de cassation, en date du 30 novembre 1864. Le premier alinéa de l'art. 91 comprend tous les objets mobiliers, autres que ceux énumérés dans les dispositions suivantes, pour lesquels le législateur a édicté des règles spéciales.

TROISIÈME PARAGRAPHE.

Gage des valeurs négociables.

Le second alinéa de l'art. 91 du Code de Commerce est ainsi concu : « Le gage à l'égard des valeurs négociables, « peut aussi être établi par un endossement régulier, «' indiquant que les valeurs ont été remises en garantie. » Le gage des valeurs négociables peut aussi, dit la loi. Ces mots prouvent que l'art. 91, 2°, n'est pas une dérogation au 1° de ce même article. Ils signifient ceci : Tous les moyens de preuve énumérés par l'art. 109 du Code de commerce serviront à établir le gage des valeurs négociables, et en outre l'endossement régulier. C'est bien ainsi que l'a compris le rapporteur de l'exposé des motifs;

lorsque présentant l'objection au corps législatif, il y répondait en ces termes : « Le paragraphe 2 n'était peut-être
« pas nécessaire ; car en admettant que le gage constitué
« en valeurs négociables pourra aussi être prouvé par un
« endossement régulier, indiquant une remise à titre de
« garantie, il n'a guère fait qu'une application de l'ar-
« ticle 109 du Code de commerce. Il a pourtant l'avan-
« tage de trancher la question qu'avait soulevée la légis-
« lation actuelle dans la jurisprudence : celle de savoir si
« l'endossement des valeurs négociables, mentionnant
« qu'il est donné à titre de garantie, peut établir le gage,
« et par suite le privilége qui en est la conséquence. »
Il faut répondre affirmativement, depuis la loi de 1863.

Limitons bien l'art. 91 2°, et précisons tout d'abord exactement les valeurs auxquelles il fait allusion. Les valeurs négociables : ce sont les titres revêtus de la clause à ordre. Citons pour exemples la Lettre de Change, le Billet à ordre, le Connaissement, le Chèque, le Warrant. En fait on met encore la clause à ordre sur les polices d'assurance, les actions et obligations des compagnies, les lettres de voiture, les factures de marchandises. Nous nous occuperons avec quelque détail des warrants, quand nous étudierons le mécanisme des magasins généraux, tel que l'a réglé et developpé la loi du 28 mai 1858.

Pour le moment, contentons-nous de dire quelques mots sur la formalité même qui donne à ces titres une circulation toute commerciale : je veux parler de l'endossement.

L'endossement en effet, crée le droit de gage, aussi bien que le droit de propriété. Dans l'un et l'autre cas, pour que cette transmission soit légalement opérée, il faut que l'endossement soit régulier. Laissons de côté l'endossement irrégulier, l'endossement de procuration. L'endossement régulier (c'est le seul qui doive nous intéresser), est une cession de créance régie par des règles spéciales. La distance qui sépare le plus souvent le domicile des contractants, la rapidité et la multiplicité de ces cessions, la célérité qu'exige la circulation commerciale étaient autant de conditions qui devaient imposer en quelque sorte au législateur l'abandon en cette matière des formes coûteuses et compliquées du Code civil.

L'endossemement pour être régulier, doit « contenir la « date, exprimer la valeur fournie, énoncer le nom de « celui à l'ordre de qui il est passé. Ce sont les termes mêmes de l'art. 137 du Code de commerce. L'art. 137 ne fait aucune mention de la nécessité de la signature : c'est que cette dernière énonciation est une condition de l'existence même de l'endossement, et que l'article 137 ne s'occupe que des formes de ce même endossement : existence et régularité, deux choses qui ne doivent pas être confondues. La même observation est vraie de l'art 110, qui s'occupe de la lettre de change. Nous reviendrons à l'occasion de la loi de 1858, sur la nécessité et la raison d'être de chacune des formalités de l'art 137. Nous avons posé le principe écrit dans l'art. 136 du Code de commerce : « La

« propriété d'une lettre de Change se transmet par la
« voie de l'endossement. » Ajoutons: ou la mise en gage.
Seulement la mention de la valeur se formulera dans les
termes suivants : valeur en garantie. C'est ce que dit du
reste la fin du 2° de l'art. 91, « endossement régulier in-
« diquant que les valeurs ont été remises en garantie. »
Dans la pratique voici comment se traduit cette exigence
de l'art 91, 2°: passez à l'ordre de M... à titre de garantie
de la somme de... exigible le..., valeur reçue comptant
en espèces.

Paris, le....

Signature...

Les termes mêmes d'un Arrêt de la Cour de cassation,
du 31 mars 1863, antérieur à la loi qui nous occupe ; mais
qui semble en quelque façon la prévoir et l'annoncer déjà,
mettra bien en lumière la théorie que nous exposons : « La
« valeur d'un effet de Commerce pouvant être fournie d'a-
« près l'article 110 du Code de commerce, en espèces, en
« marchandises en compte, ou de toute autre manière,
« l'énonciation valeur en garantie dans l'endossement
« est suffisante, et la nullité de cet endossement ne peut
« être demandée pour inobservation des formalités impo-
« sées au nantissement ordinaire par les articles 2074 et
« 2075 du Code civil [1] ». On appelle proprement cet endos-

---

[1] Dans le même sens a été rendu un arrêt de la Cour de cassation, du 6 août 1845. Comme ayant trait encore à notre sujet, citons
l'arrêt de la Cour de Paris, du 19 décembre 1861, qui déclare le

sement l'endossement de gage. La disposition de l'art. 91, paragraphe second, est donc bien simple et bien formelle.

Désormais, plus de controverse, plus de doute possible. Cependant, il n'en a pas toujours été ainsi, et l'ancienne jurisprudence nous offre l'exemple de variations qui font apprécier davantage encore la simplicité de la théorie adoptée par le législateur. Avant la loi de 1863, deux systèmes dans la doctrine et dans la pratique étaient en présence.

Le premier, plus favorable au commerce, précurseur de la réforme nouvelle, voulait étendre au gage l'art. 136 du Code de commerce : L'art. 136 est général, disaient les partisans de cette opinion, et l'article 2084 du Code civil a renvoyé à cet art. 136 du Code de commerce, aussi bien en ce qui concerne le droit de gage, qu'en ce qui touche la propriété. Vous vous heurtez, répondaient les adver-

nantissement de billets à ordre non endossés au profit du créancier nul, si manquent les formalités de l'art. 2074 du Code civil. Il résulte, *a contrario*, de cet article que le nantissement serait valable, si les titres étaient revêtus de la clause à ordre ; citons aussi un jugement en ce sens encore du tribunal de commerce de la Seine, du 15 mars 1867. L'endossement d'un effet de commerce causé valeur en garantie est valable. Le syndic de la faillite de l'endosseur ne saurait être admis à exiger que l'effet ainsi endossé fût restitué à la faillite, avec offre d'admettre au passif le porteur pour les sommes dont il justifierait être créancier ; car celui-ci est valablement saisi, à titre de gage, de la possession conditionnelle du titre : un pareil nantissement n'est pas assujetti à l'article 2075 du Code civil.

saires de ce système, au texte des articles 2074 et 2075 du Code civil. Ces articles sont le droit commun. Or, les termes de l'art. 136, qui est une disposition d'exception, ne sont pas assez formels pour vous autoriser à étendre l'exception au-delà de son texte. C'est cette seconde doctrine qui prévalait autrefois, comme devant résulter, en raison aussi bien qu'en droit, de la considération suivante : La transmission du gage doit être entourée de plus de garanties que celle de la propriété. Car, n'opérant pas un dessaisissement, il trouve plus de facilité de la part du propriétaire, et donne lieu à plus de fraudes et d'abus.

C'est en ce sens qu'ont été rendus les arrêts de la Cour de Paris, (du 15 février 1842), et de la Cour de Douai, (du 29 mars 1843). La Cour de cassation s'est prononcée dans le sens opposé, le (18 juillet 1848). Le système plus généralement adopté avait un très-grand tort : c'était d'entraîner souvent la nullité même de l'effet de commerce. Aussi, pour maintenir sa validité, on avait recours à une fraude : on énonçait sur l'effet que l'endossement avait lieu pour transmettre la propriété, sauf à indiquer par une contre-lettre la nature de l'acte que l'on avait voulu faire.

A notre avis, cette manière de procéder n'est pas légale, et n'assure pas au créancier gagiste un droit opposable aux tiers. En effet, nous nous trouvons dans une double alternative, et l'on ne peut pas sortir de cette impasse : la propriété, d'une part, n'a pas été transférée, et le créan-

cier serait mal venu à s'en prévaloir, car sa reconnaissance même protesterait contre cette prétention. D'autre
part, il n'y a pas non plus transmission valable du droit de
gage, car le droit de gage est nul, (nous sommes avant
1863), en l'absence des formalités de l'art. 2075 du Code
civil. S'il en était autrement, les tiers seraient souvent
victimes d'un concert frauduleux entre le débiteur et les
créanciers que ce dernier voudrait avantager. Cela serait
vrai, même au cas où l'endossement énoncerait la somme
due, bien qu'il semblât rationnel alors de donner la puissance d'établir un droit de gage à un acte qui d'ordinaire
transfère la propriété. Mais il n'en est pas moins vrai que
la loi se trouve éludée. Voilà pourquoi, pour mettre fin à
cette pratique illégale, et trancher à l'avenir toute difficulté, le législateur de 1863 a édicté le 2° de l'art. 91. Du
reste, le second paragraphe de l'art. 91 avait déjà des précédents dans la jurisprudence antérieure à 1863. La dation en nantissement, selon un arrêt de la Cour de Rouen,
(du 20 avril 1837), d'actions sur un navire, transmissibles
par voie d'endossement, suffit, et n'exige pas les formalités de l'article 2074 du Code civil [1]. Les formalités de

---

[1] Nous avons parlé plus haut, en énumérant les valeurs négociables, du connaissement. Le connaissement, ou constatation du
chargement des marchandises sur un navire, et des conditions de
transport, peut être endossé valablement. L'art. 281, dans son dernier alinéa, le dit formellement. Le connaissement étant assimilé
aux effets de commerce, sa négociation, tant pour la transmission
du droit de gage que pour celle du droit de propriété, tombe sous
le coup de l'art. 137 du Code de commerce. Un arrêt de la Cour de

l'art 2074 sont encore inutiles, quand il s'agit du nantissement au profit des établissements de crédit. Ainsi, c'est ce
qu'a décidé la Cour de Bordeaux, (le 17 avril 1845) : quand
des effets négociables ont été donnés en garantie à une
banque, il n'est pas nécessaire qu'intervienne un acte public ou sous-seing privé, signifié au débiteur, et enregistré. Ces décisions de la jurisprudence sont sans doute isolées ; mais elles montrent qu'il y avait déjà des cas où flé-
chissait la rigueur trop grande de la loi, et combien fut
utile la réforme de 1863.

Désormais donc, l'endossement régulier suffit à l'établissement du gage sur des valeurs négociables. Un arrêt
de la Cour de cassation, (du 27 novembre 1865), fait
l'application de ce principe : une facture de marchandises
ne peut être valablement cédée, (le mot cédée comprend
le gage aussi bien que la propriété), au moyen de la
simple remise du titre, si cette facture n'a pas reçu la
forme d'un titre au porteur, ou d'un effet négociable.
Donc, par *a contrario*, dans le cas contraire, la cession à
titre de gage est parfaitement régulière. Le dernier arrêt,
à notre connaissance, sur cette matière, est un arrêt du
tribunal de commerce de la Seine, (du 15 mars 1867).

Paris, du 1er décembre 1860, consacre le droit de préférence
accordé au porteur d'un connaissement par endossement régulier :
la propriété de marchandises voyageant par la voie de mer étant
représentée par le connaissement, et le connaissement pouvant
être à ordre. Nous reviendrons plus tard sur ce point, quand nous
nous occuperons du gage que l'on peut appeler gage maritime.

Il résume, (citons ses termes mêmes), toute la théorie que nous venons d'indiquer sur le nantissement des valeurs négociables : « L'endossement d'un effet de com-
« merce, valeur en garantie, est valable ; et le porteur se
« trouve valablement saisi, à titre de gage, de la posses-
« sion conditionnelle du titre, un pareil nantissement
« n'étant pas assujetti aux formes de l'art. 2075 du Code
« civil. »

QUATRIÈME PARAGRAPHE

Gage des valeurs dont la transmission s'opère par un transfert sur les registres de la société.

« A l'égard des actions, dit l'article 91, dans son troi-
« sième alinéa, des parts d'intérêt, et des obligations
« nominatives des sociétés financières, industrielles,
« commerciales ou civiles, dont la transmission s'opère
« par un transfert sur les registres de la société, le gage
« peut également être établi par un transfert, à titre de
« garantie, inscrit sur lesdits registres. »

Les effets publics, actions, obligations, sont devenus aujourd'hui, dans la pratique des affaires, l'objet le plus habituel des opérations de nantissement. A ce titre, le troisième alinéa de l'art. 91 du Code de Commerce offre un sérieux et puissant intérêt. Sans doute (et nous répétons ainsi l'observation que nous avons déjà présentée sur le paragraphe précédent), sans doute, le paragraphe premier de notre article 91 embrassait déjà dans sa généralité les valeurs auxquelles le législateur de 1863 a cru devoir consacrer un alinéa spécial. Mais le paragraphe troisième est une facilité de plus, dans les cas par lui prévus, ajoutée à l'art. 109 du Code de Commerce, pour constater le gage ; facilité qui était presque une nécessité pour le commerce, et qui devait attirer l'attention toute particulière des rédacteurs du projet de loi. « Cette dérogation à la loi civile, dit le rapporteur, est « utile au profit d'établissements dont les garanties de « moralité qu'ils offrent justifient la position privilégiée « qui leur a été faite sans doute, mais ce n'est pas là une « question de garanties morales dans le prêteur : c'est, « comme nous l'avons vu, une question d'utilité sociale. « Mettre le plus possible les capitaux à la disposition de « ceux qui en ont besoin, sans trop s'effrayer de quel- « ques fraudes possibles, tel est le but qui nous semble « devoir être atteint. » C'est de grand cœur que nous applaudissons à cette hardiesse généreuse qui a déjà amené pour le commerce des résulats si favorables. Délivrer le commerce et l'industrie des entraves qui si longtemps ont ralenti sa marche et alourdi son essor : tel a été le but avoué et proclamé du législateur de 1863. A ceux qui sont venus recueillir ces semences fécondes à les faire fructifier ; et, imprimant une forte impulsion à des opérations qui ne peuvent vivre qu'au souffle de la liberté, à compléter l'œuvre commencée par la loi de 1863.

Le paragraphe 3 touche en plusieurs points au précédent. En effet, de même que, depuis 1863, l'endossement est valable tant pour le droit de gage que pour le droit de propriété ; ainsi toujours depuis 1863, les registres d'une société peuvent contenir deux sortes de transferts : le transfert définitif, ou transfert à titre de propriété ; le transfert provisoire, ou transfert à titre de garantie. En cela, le paragraphe 3 est conforme à l'esprit qui animait les rédacteurs du projet de loi. C'est par une assimilation entre le gage et la propriété, c'est en facili-tant les moyens d'établir et de prouver le nantissement, que le législateur de 1863 a répondu aux vœux que lui adressaient les commerçants, et a entouré l'industrie de garanties qui feront sa force et sa prospérité. M. Cornudet a indiqué un autre intérêt encore de l'assimilation entre le gage et la propriété, en ce qui nous occupe spéciale-ment : « Ces sortes de transferts, a-t-il dit, ont cet avan-
« tage, qu'aux termes de l'art. 4 du réglement d'adminis-
« tration publique du 17 juillet 1857, fait pour l'exécution
« de la loi du 23 juin précédent, ils sont exempts du
« droit de transmission créé par ladite loi. Il a paru
« conforme au but que se propose le projet, de déclarer,
« par le paragraphe 3, que cette espèce de transfert

« pouvait également servir à établir le gage, à l'égard
« des tiers. »

Le paragraphe 3 de notre article ne contenait d'abord
que les mots : actions et obligations nominatives ; c'est
sur la demande du Conseil d'État qu'ont été ajoutés les
mots parts d'intérêts. Il s'agit tout d'abord de bien s'entendre sur la valeur de ces différents termes. Qu'est-ce,
à proprement parler, que l'action ? C'est une part
d'associé dans les bénéfices communs. Une obligation ?
Ce sont des sommes qu'emprunte la société à des tiers.
Maintenant, que signifient les mots parts d'intérêts, et
quelle différence sépare une part d'intérêt d'une action ?
Une action est une part d'intérêt dans un capital déterminé. Une part d'intérêt, dans le sens propre du mot, c'est
une part d'actif social, sans aucune expression de capital
nominal. C'est là la définition qu'a donnée la Cour de Cassation, dans un arrêt, en date du 29 mars 1864. Elle est conforme à l'idée que s'en faisait déjà le rapporteur du projet
de loi : « Il existe, a dit M. Vernier, en dehors des actions
« et obligations nominatives des Compagnies, une autre
« espèce de titres nominatifs, appelée généralement
« parts d'intérêts. Ces valeurs ont tous les caractères d'une
« action, elles en diffèrent pourtant en ce sens qu'elles
« représentent une autre division de l'intérêt social
« que celle qui existe entre les actionnaires. C'est la
« part d'intérêt que les fondateurs d'une compagnie
« s'attribuent entre eux avant la mise en actions. »

La loi met sur la même ligne les actions, les obligations, et les parts d'intérêts. Elle ne se préoccupe pas non plus de la question de savoir si la société est civile, commerciale, industrielle, ou financière. La seule distinction qu'il faille poser, c'est la suivante : la transmission de ces actions et obligations s'opère-t-elle, ou non, par un transfert sur les registres de la société. Si oui, nous tombons sous l'application de notre article. Dans le cas contraire, le gage aura un autre mode de constitution. Nous reviendrons bientôt sur cette seconde hypothèse. Nous avons à résoudre auparavant une question qui peut donner lieu à certaines difficultés. C'est celle-ci : quand le gage sera civil, quelles formes devront être suivies, alors que le nantissement aura lieu en actions, parts d'intérêts, ou obligations nominatives de compagnies financières ou industrielles ? Ajoutons, car notre question peut se soulever encore dans ces hypothèses, lorsque le gage portera sur des valeurs au porteur, ou des effets négociables ? Nous croyons bien fermement que les formes du Code civil, c'est-à-dire les art. 2074 et 2075, seront seules applicables. Cette opinion a pour elle l'esprit de la loi de 1863, et l'autorité de la jurisprudence de la Cour de cassation. Il résulte des travaux préliminaires que les faveurs introduites par le législateur de 1863 ne peuvent être invoquées, que si est commerciale l'opération pour laquelle le gage est établi. C'est le commerce et le commerce seul que l'on a voulu protéger. La jurisprudence a marché sur ces traces ; cependant, la Cour de cassation tend à consacrer une distinction qui reposerait sur la différence à établir entre les valeurs au porteur et les effets transmissibles par la voie de l'ordre. Pour ces derniers, la Cour suprême reconnaît à l'endossement le pouvoir de donner au gage toute sa force à l'égard des tiers, (arrêt du 18 juillet 1848). Peu importe alors que le gage soit civil ou commercial. Au contraire, s'agit-il de valeurs au porteur, et le gage est-il civil, c'est l'accomplissement seul des formalités prescrites par les art. 2074 et 2075 du Code civil qui est susceptible de créer au créancier une position privilégiée. L'application de la loi de 1863 est réservée au gage commercial. C'est en ce sens qu'ont été rendus les arrêts de la Cour de cassation, (du 11 août 1847, et du 19 juin 1860.) La doctrine que nous venons d'esquisser est la plus universellement admise : la question, je crois, ne se discute même plus devant les tribunaux. Cependant, il des auteurs qui voudraient bien pouvoir étendre le texte de la loi de 1863 à tous les cas, et supprimer toute distinction entre le gage civil et le gage commercial. Sans doute, il y aurait là une réforme salutaire à introduire ; mais tant qu'une loi nouvelle n'interviendra pas, on ne peut se dissimuler que l'adoption du système de ces trop hardis novateurs serait une brèche ouverte dans l'organisation du gage civil. Où serait l'inconvénient, dira-t-on, et ne gagnerait-on pas beaucoup à cette généralisation ? C'est notre avis aussi, et nous espérons bien que les art. 2073 et suivants du Code civil ne seront pas toujours le dernier mot de la législation civile sur le gage. Ces formalités de l'ancien régime ont fait leur temps, et l'on s'aperçoit combien elles se trouvent en quelque façon mal à l'aise, au milieu de ces dispositions nouvelles toutes d'émancipation et de liberté. L'agriculture si longtemps déshéritée de toutes ces faveurs et ces avantages réservés trop exclusivement au commerce, ne verrait-elle pas s'ouvrir devant elle des perspectives d'utilité et de richesse, par la réalisation d'espérances qui sont susceptibles de recevoir une réalisation ?

Revenons maintenant à la distinction que nous établissions tout à l'heure : le transfert sur les registres des sociétés opère-t-il, ou non, transmission du droit de propriété?

Occupons-nous d'abord du cas où le transfert n'est pas suffisant pour constituer la transmission du droit de propriété : comment alors va-t-on procéder ? M. Cornudet nous l'apprend, dans son rapport du projet de loi : « le « titre est transféré au nom du prêteur, afin que celui-ci « puisse le faire vendre, sans rencontrer de difficultés, si « le prêt n'est pas payé à l'échéance. Le prêteur reconnaît « d'ailleurs, dans l'acte qui intervient entre l'emprunteur « et lui, que, nonobstant le transfert en son nom, il n'a « cependant d'autre droit que celui de créancier gagiste. »

Seconde hypothèse : le transfert sur les registres opère la transmission de la propriété.

Il suffira aussi à transmettre le droit de gage. « Il pourra
« servir, a dit M. Vernier, à établir le gage, à l'égard des
« tiers, comme il sert à prouver la vente. » Pour la constitution du droit de gage, ce transfert est donc suffisant ; il
est suffisant, mais il est nécessaire. Un jugement du
tribunal de commerce de la Seine, (du 13 juin 1863), le dit
expressément : « si des certificats provisoires d'obliga-
« tions sont nominatifs, (il s'agissait de titres de l'Emprunt
« Ottoman), la propriété (ajoutons le gage), n'en peut
« être transmise que par un transfert signé des titulaires.
» Puis, le tribunal en tire la conséquence suivante : « celui
« auquel les certificats ont été vendus, (lisons cédés en
« gage), par un porteur dont le nom n'était pas inscrit
« sur le titre, n'a pas droit de signer les titres définitifs. »
Il résulte de là, par un argument *a contrario*, que, dans
le cas opposé, la transmission régulière s'opère par un
transfert, à titre de gage. La doctrine du tribunal de
commerce de la Seine a été affirmée et consacrée, (le
3 juin 1865), par un arrêt de la Cour de Paris, qui, statuant
sur des faits antérieurs à 1863, nous montre bien quelle
innovation a été apportée. « Avant la loi de 1863, la signi-
« fication au débiteur, (il s'agissait, comme dans l'espèce
« précédente, de rentes de l'Empire Ottoman), la signification
« était, en cas de constitution du gage, rigoureusement
« exigée, même quant au gage commercial ; l'article 2075
« établissant une règle de droit commun, applicable jusqu'à
« la promulgation de ladite loi, en matière commerciale,

« aussi bien qu'en matière civile. » L'article 2075 était
donc le texte qui a été remplacé par notre troisième
alinéa de l'art. 91 [1]. Désormais, le transfert a succédé à la
signification au débiteur ; et le commerce a encore gagné
à cette innovation rapidité et sécurité.

CINQUIÈME PARAGRAPHE

**Gage des créances mobilières, dont le cession-
naire ne peut être saisi, à l'égard des tiers,
que par la signification du transport faite au
débiteur.**

L'art. 91, 4°, est ainsi conçu : « il n'est pas dérogé
« aux dispositions de l'art. 2075 du Code Napoléon, en ce
« qui concerne les créances mobilières, dont le cession-
« naire ne peut être saisi à l'égard des tiers, que par la
« signification du transport faite au débiteur. »

Cette disposition ne nous arrêtera pas très-longtemps.
Les valeurs dont s'occupe le paragraphe 4 de notre article

[1] Une espèce intéressante s'est présentée, devant la Cour de
Douai, le 12 janvier 1867, quant à des obligations nominatives,
données en gage avant la loi de 1863. La faillite du débiteur était
survenue avant la signification de l'acte ; et la Cour de Douai
décida ceci : c'est que le créancier n'est pas dispensé de faire la
signification, après la promulgation de la loi de 1863. Si le
débiteur fait faillite, il ne peut prétendre contre la masse, en
l'absence de cette signification, au privilége de l'art. 2073.

91, étant d'une réalisation lente et difficile, le commerce n'est amené que dans des cas assez rares à en faire l'objet d'un contrat de nantissement. L'art. 91, 4°, est le retour au droit commun. Après les alinéas 2 et 3, qui énumèrent les valeurs pour lesquelles le législateur de 1863 a dérogé au Code civil, le paragraphe 4 semble bien superflu et bien inutile. En effet, n'est-ce pas le cas d'appliquer ici ce principe de droit d'une vérité incontestable : toutes les fois que l'on est en dehors de l'exception, on retombe sous l'empire du droit commun? Cependant, malgré les observations de la Commission, le Conseil d'État a maintenu notre disposition, « dans le but, a dit M. Vernier, d'éviter « une confusion possible entre ces valeurs et les actions au « porteur, par exemple.»

Voilà quelle fut l'historique du 4° de l'art. 91. Voyons maintenant quelle est sa raison d'être, et quelle justification on peut donner de ce retour unique à la règle. Le paragraphe 4 ne semble-t-il pas, en quelque façon, mal à l'aise, au milieu de tous textes de lois si favorables au commerce, par l'exclusion même des formes gênantes du droit commun ; et cette résurrection en un seul point des prescriptions édictées par le Code civil est-elle bien nécessaire? C'est encore à M. Vernier que nous emprunterons la réponse à ces objections : « Le paragraphe 4, a-t-il dit, « a pour objet, dans sa disposition un peu rétrograde, de « préserver le créancier gagiste de l'extinction qui pour- « rait avoir lieu de son gage, à son insu, lorsque ce gage

« est une créance autre que celle qui résulte des actions
« ou obligations des compagnies, ou effets publics, ou
« valeurs négociables. Pour ces dernières créances, la
« libération du débiteur n'a jamais lieu sans la remise
« qui lui est faite du titre ; et le créancier gagiste qui le
« détient n'a point à craindre l'extinction, en dehors de
« lui, de l'obligation qu'il renferme. Mais, pour les autres
« créances mobilières, le paiement peut avoir lieu, sans
« que le créancier gagiste à qui elles ont été données en
« gage en ait le moindre soupçon, et ce paiement valable
« anéantirait le gage, si, conformément à l'art. 2075, le
« nantissement n'avait point été signifié au débiteur de
« la créance. Il est donc bon de ne pas laisser le créan-
« cier gagiste à la merci d'une éventualité qu'il pouvait
« ignorer, et de maintenir par suite la règle de l'art.
« 2075, pour le nantissement constitué en créances dont
« le cessionnaire ne peut être saisi à l'égard des tiers, que
« par la signification faite au débiteur. »

De cette citation il résulte bien que l'intérêt des créanciers a été l'objet de la protection toute spéciale du législateur de 1863. Cet intérêt, il trouvait sa sauvegarde
déjà dans les prescriptions du Code civil : tout ici militait
par conséquent pour le maintien de la règle. La règle,
c'est l'art. 2075 : « Le privilège ne s'établit sur les meubles
« incorporels, tels que les créances mobilières, que par
« acte public ou sous-seing privé, aussi enregistré et si-
« gnifié au débiteur de la créance donnée en gage. »

L'art. 2075 ne fait que reproduire les exigences de l'art. 1690 qu'il complète et développe, au point de vue spécial du contrat de gage. Et c'est avec toute raison qu'ont été édictés les art. 1690 et 2075. En effet, sans la signification prescrite, le débiteur, aux termes de l'art. 1691 du Code civil, pourrait valablement payer au cédant. En second lieu, la signification suppose forcément la rédaction d'un acte ; et il est d'autant plus juste de conserver la nécessité de l'enregistrement que cette formalité sera rarement applicable, ainsi que le faisait très justement remarquer M. Cornudet, précisément à cause de l'usage peu fréquent dans le commerce de ces sortes de nantissements. Il y a donc eu fort peu d'arrêts rendus sur notre matière ; cependant, la Cour de Paris a (le 31 mai 1866), bien mis en lumière la théorie du paragraphe 4 de l'art. 91 du Code de commerce. Voici quelle fut l'espèce jugée, et quelle conséquence pratique tira la Cour de Paris de l'application de l'art. 91, 4°. Il s'agissait du droit au bail des lieux où s'exploite un fonds de commerce ; (c'est bien une créance de la nature de celles que prévoit le 4° de l'art. 91). Eh bien, la Cour a vu là un meuble incorporel susceptible de faire l'objet d'un contrat de nantissement. Un tel nantissement rentre dans les termes de l'art. 2075 du Code civil : en conséquence, il est valable, dès qu'il a été constitué par acte public ou sous-seing privé, enregistré et signifié au propriétaire des lieux loués. De cette théorie l'arrêt tire la conséquence suivante : le nantissement ainsi régulièrement consenti doit recevoir son effet, même en cas de faillite du débiteur. Cela nous amène, pour en finir avec notre 4° paragraphe, à l'examen d'une question très-importante qui a précisément trait à la matière des faillites. Cette question peut se formuler dans les termes suivants : le gage pour une dette contractée antérieurement à la cessation des paiements, ou aux dix jours qui l'ont précédée, est-il valable, alors que la signification n'intervient qu'après cette cessation des paiements ?

L'énoncé de la question indique suffisamment l'espèce sur laquelle roule la controverse. Nous la tranchons, sans hésiter, dans le sens de l'affirmative. En effet, l'art. 443 du Code de commerce prononce bien le dessaisissement du failli de l'administration de ses biens. Mais l'art. 446 du même Code dit aussi que le gage n'est nul que s'il est constitué depuis la cessation des paiements, pour dettes antérieurement contractées. Or, ce n'est pas notre hypo- thèse, puisque ce qui est postérieur à la cessation des paiements, c'est uniquement la signification, sans laquelle le gage est valablement constitué, même à l'égard des tiers, tant qu'ils n'ont pas, par une mainmise quelconque sur l'objet du gage, empêché cette signification de produire son effet. Du reste, l'art. 448 lui-même nous fournit un puissant argument d'analogie : puisque la loi permet par l'inscription postérieure de parfaire une hypo- thèque qui garantit une dette valablement contractée, pourquoi ne pas mettre sur la même ligne le gage? D'autant que le législateur n'a jamais eu l'intention d'anéantir les droits acquis de bonne foi, et que l'opinion opposée conduirait à cette facheuse conséquence.

C'est dans le sens de cette opinion que s'est prononcée la Cour de cassation, par arrêt du 4 janvier 1847, cassant un arrêt de la Cour de Montpellier, rendu le 13 janvier 1845, conformément à un jugement du tribunal de Montpellier du 30 août 1844. Le droit n'est constitué, avaient dit le tribunal et la Cour de Montpellier, qu'au moment de la signification, parce que c'est à ce moment seulement que la créance passe. Le dessaisissement du failli, a répondu la Cour de cassation, ne remonte qu'au jugement déclaratif, depuis la nouvelle loi sur les faillites rendue le 28 mai 1838. Et la raison en est la suivante : si la signification au débiteur est postérieure à la cessation des paiements, elle n'est pas le fait du failli, mais bien du créancier nanti. Même doctrine consacrée par un arrêt de cassation, du 19 juin 1848.

Nous sommes arrivés ainsi au dernier alinéa de notre art. 91. Ce sera l'objet du sixième paragraphe.

SIXIÈME PARAGRAPHE

**Les termes de la fin de l'art. 91 sont les sui-
vants : « Les effets de commerce donnés en
« gage sont recouvrables par le créancier ga-
« giste. »**

Cette disposition indique un des droits du créancier auquel a été remis en gage un effet de commerce. Ce droit
n'est pas le seul : aussi, pour être complet, et avant
même de développer la fin de l'art. 91, nous devons parcourir les autres droits du créancier, indiquant en même
temps ses obligations, et montrant ainsi quelles sont les
règles posées par le Code civil, au titre du Nantissement,
qui sont susceptibles de recevoir leur application en matière commerciale. Au chapitre consacré par les rédacteurs
du Code civil au gage, nous trouvons tout d'abord un
art. 2073, qui consacre le privilège du créancier nanti.
En parallèle avec l'art. 2073, citons l'art. 2079 qui établit
la persistance de la propriété du débiteur sur le bien engagé. Le gage, dit cet article 2079, n'est entre les mains
du créancier qu'un dépôt. Et l'art. 2080 vient compléter
l'art. 2079 : « Le créancier, dit cet article, répond, selon
« les règles établies au titre des contrats ou des obliga-
« tions conventionnelles en général, de la perte ou dété-

« rioration du gage qui serait survenue par sa négli-
« gence. » Puis, comme le corollaire en quelque sorte et
le pendant de cette première disposition, l'art. 2080
ajoute : « De son côté, le débiteur doit tenir compte au
« créancier, des dépenses utiles et nécessaires que celui-ci
« a faites pour la conservation du gage. » Voilà donc
un point établi : le créancier est chargé par la loi de
la garde de la chose [1]. Pour savoir quelle étendue devront avoir les soins dûs par le créancier, nous devons
nous reporter aux règles du droit commun. Or, le droit
commun, le voici : il s'agit d'une convention qui in-
téresse les deux parties ; par conséquent, le créancier,
et cela est conforme à l'esprit de l'art. 1992 du Code civil,
sera plus tenu que le dépositaire, et moins que le commo-
dataire. Il sera le plus souvent, (les tribunaux ont du
reste à ce sujet tout pouvoir d'appréciation,) responsable
des mêmes fautes qui seraient imputées à un dépositaire
salarié, ou à un mandataire salarié. D'autre part, le débiteur lui doit compte des dépenses nécessaires faites pour

[1] Cependant il a été jugé par la Cour de cassation, le 26 juin 1866,
que si un effet de commerce a été remis par un débiteur à son
créancier, sans endos et non à titre de cession ; mais seulement
à titre de garantie et comme un dépôt en quelque sorte, cet effet
reste aux risques et périls du débiteur qui est seul tenu de veiller
à l'accomplissement des formalités nécessaires pour en assurer
le paiement, ou pour conserver les recours auxquels le défaut de
paiement pourrait donner lieu. Cela est une espèce particulière ;
il est pourtant des cas où s'affirme la responsabilité du créancier dépositaire.

la conservation du gage, et même des dépenses utiles, pourvu qu'elles aient produit une plus value.

Que si nous continuons à parcourir les articles du titre du nantissement, nous trouvons encore des dispositions qui doivent être étendues du gage civil au gage commercial, parce qu'il est de principe que le droit commun conserve son empire, en toutes les matières dans lesquelles il n'y est pas formellement dérogé.

Et d'abord si la créance donnée en gage porte intérêts, le créancier impute ces intérêts sur ceux qui peuvent lui être dûs. Si elle ne porte pas intérêts, l'imputation se fait sur le capital.

Seconde règle commune au droit civil et au droit commercial : lorsque celui qui était débiteur envers un créancier déjà nanti d'un gage, a contracté une seconde dette devenue exigible, avant que la première fût acquittée, le gage est présumé de plein droit affecté à la sûreté des créances, et le créancier ne peut être tenu de s'en dessaisir, avant d'être entièrement payé des deux dettes.

Enfin, en troisième lieu, le gage commercial comme le gage civil est indivisible, nonobstant la divisibilité de la dette entre les héritiers du débiteur, ou ceux du créancier. Donc, l'héritier du débiteur qui a payé sa portion de la dette ne peut demander la restitution de sa portion dans le gage, tant que la dette n'est pas entièrement acquittée; et réciproquement, l'héritier du créancier qui a reçu sa portion de la créance, ne peut remettre le gage, au préjudice de ceux de ses cohéritiers qui ne sont pas payés. Toutes ces règles résultent des articles 2081, 2082 et 2083 du Code civil. En ce qui concerne spécialement l'indivisibilité du gage, la Cour de Rouen a fait une application de l'art. 2083, dans son arrêt du 27 février 1862 : une lettre de change avait été souscrite par plusieurs codébiteurs solidaires ; l'un de ces codébiteurs avait fourni un gage. Survint la faillite de deux autres des codébiteurs. Sur la production du créancier gagiste qui avait déjà réalisé une partie du gage depuis la faillite, la Cour de Rouen lui accorda le droit de participer aux dividendes, pour la totalité du titre, dans chacune des masses des codébiteurs faillis.

Après avoir énuméré les dispositions du Code Civil applicables, par voie d'extension et d'analogie, aux matières commerciales, nous devons revenir au dernier paragraphe de notre art. 91 : c'est l'exception après la règle, après le droit commun. La disposition de l'art. 91, *in fine*, n'a pas passé toute seule dans la loi de 1863. M. Millet proposa d'ajouter la phrase suivante : « Agissant « tant en son propre nom qu'au nom du débiteur gagiste « ou du tiers bailleur du gage. » Mais M. Vernier repoussa cet amendement, en ces termes : « Cette addition « qui n'a sans doute pour objet que de réserver sur le « produit de l'effet recouvré les droits du débiteur gagiste, « ou du bailleur du gage, n'est pas suffisamment utile,

« puisqu'elle ne formule qu'une vérité absolument incon-
« testée. » Un autre amendement également repoussé
avait encore été proposé par M. Millet : « Il doit en être
« de même, disait-il, des créances mobilières et des
« titres exécutoires donnés en gage, la somme ainsi re-
« couvrée s'imputant ou se compensant entre les parties,
« selon les règles de droit. » Ce à quoi répondit M. Vernier : « C'est encore là une disposition qui n'a pas besoin
« d'être écrite, et dont la pensée se retrouve dans les
« principes généraux de notre droit. »

Quelle est donc la disposition qu'il était nécessaire
d'édicter, parce qu'elle déroge aux principes généraux
de notre droit ? C'est précisément celle qui a été formulée
par l'art. 91 en ces termes : Les effets de commerce donnés en gage sont recouvrables par le créancier gagiste.
En effet, si le législateur eût gardé le silence sur ce point,
on aurait, avec l'art. 2079 qui proclame la persistance de
la propriété du gage chez le débiteur, dénié au créancier
le droit de recouvrer les effets engagés. Au contraire, armé
de l'article 91, dernier alinéa, le créancier va pouvoir,
quand il s'agit d'effets de commerce, les recouvrer au moment de leur échéance, quand cette échéance arrivera avant
l'exigibilité de la dette pour laquelle le gage a été constitué.

Les exceptions étant de droit étroit et ne pouvant pas
être étendues au delà de leurs termes mêmes, il est évident que le cinquième alinéa de l'art. 91 ne comprend
que les effets de Commerce. Pourquoi cette différence

entre eux et les autres créances ? C'est que les effets de commerce devant être payés à jour fixe, le consentement à obtenir du débiteur eût entraîné un retard dans le paic- ment de la créance, et amené ainsi cet effet à être quelquefois protesté.

Le créancier nanti d'un effet de commerce a donc le droit et le devoir, à l'échéance de cet effet, de faire tous actes conservatoires et d'exercer toutes poursuites à fin de recouvrement.

Une fois l'effet recouvré, deux hypothèses peuvent se présenter : ou le créancier n'est pas entièrement payé par les sommes qu'il a reçues, et il peut alors se retourner contre son débiteur, pour obtenir le surplus de sa créance; ou les sommes produites excèdent la créance et ses acces- soires : dans ce second cas, le surplus doit être remis par le créancier au débiteur. Voilà quelle est la loi, et c'est avec raison qu'a été introduite cette exception, en faveur d'effets à recouvrer par le créancier. En effet, l'art. 91, 5°, dissipe les craintes qu'aurait pu avoir le signataire de ces effets sur la validité du paiement.

Ces explications terminent notre première partie : elle a été consacrée à ce que l'on peut appeler la naissance du Contrat de Gage. Avant de passer à la réalisation de ce contrat, nous devons dans la seconde partie, en com- mentant l'art. 92 du Code de commerce, exposer les ga- ranties que le nantissement procure au créancier : je veux dire le privilége et les droits qui en découlent.

SECONDE PARTIE

PRIVILÉGE DU CRÉANCIER GAGISTE

Cette seconde partie comprendra deux paragraphes, répondant à chacun des deux alinéas de l'article 92 du Code de commerce.

Premier paragraphe.

Caractères et conditions du privilége.

Deuxième paragraphe.

Quels sont les cas où l'on peut dire que le créancier a la possession légale du Gage ?

PREMIER PARAGRAPHE

Caractères et conditions du privilége.

Le dernier alinéa de l'art. 92 porte : « dans tous les « cas, le privilége ne subsiste sur le gage, qu'autant que

« ce gage a été mis et est resté en possession du créancier,
« ou d'un tiers convenu entre les parties.»

C'est la reproduction exacte et textuelle de l'art. 2076
du Code civil. L'art. 92 semble donc d'autant plus inutile,
que l'esprit du législateur de 1863 est de réserver le
droit civil, dans tous les cas auxquels ne déroge pas
expressément le Code de commerce. Or, ici, il n'y avait
qu'une application pure et simple de la règle. Cependant,
l'art. 92 a sa raison d'être, et M. Vernier a parfaitement
fait comprendre l'utilité de son insertion dans la loi : « En
« affirmant de nouveau, a-t-il dit, les principes de
« l'art. 2076, les auteurs du projet ont eu la louable
« intention de les mettre en regard de la possession fictive
« ou de convention, dont on est bien obligé de se con-
« tenter, quand il s'agit de marchandises volumineuses
« ou encombrantes, dont le déplacement pourrait pré-
« senter des difficultés matérielles sérieuses, en même
« temps que les frais onéreux. D'ailleurs, il était bon de
« faciliter, dans les affaires commerciales, remplies de tant
« d'incidents soudains et imprévus, la mise en gage des
« marchandises qui sont encore en cours de transport. »

La disposition de l'art. 91, reproduisant l'art. 2076 du
Code civil, s'imposait en quelque sorte, pour deux motifs,
au législateur :

1° Il ne faut pas que le débiteur qui a donné un gage
jouisse d'un faux crédit, en gardant par devers lui la possession de la chose qui sert de garantie à sa créance ;

2° La règle de l'art. 2279 : en fait de meubles, la possession vaut titre, rendait encore nécessaire la disposition de l'art. 2076. En effet, le tiers qui recevrait l'objet ferait ainsi disparaître le droit du créancier gagiste. Et puis, ce n'est pas sur la qualité même de la créance qu'est fondée la préférence ; mais sur la possession de la chose.

Ces principes sont de tous les temps, et de toutes les législations. A Rome, la loi 9, paragr. 2, De pignoratitia actione, au Digeste, fait ainsi la distinction du pignus et de l'hypotheca : « Proprie pignus dicimus quod ad cre- « ditorem transit ; hypothecam, quum non transit, nec « possessio, ad creditorem. » Même doctrine est affirmée par Brodeau, sur l'art. 181 de la coutume de Paris : « Le « créancier a un droit réel, spécial et privilégié, qui luy « est acquis par la tradition du gage duquel le débiteur se « dessaisissant volontairement et de son bon gré entre ses « mains, il luy en transmet la possession, par le moyen de « laquelle le créancier est saisi. »

En résumé, la remise de la chose au créancier est et a toujours été nécessaire à la constitution du privilége fondé sur le nantissement. Cette tradition comprend deux éléments qui peuvent se trouver quelquefois réunis :

1° Dépossession du débiteur.

2° Possession du créancier entre les mains duquel passe la chose engagée.

La loi de 1863, n'a fait que reproduire et consacrer ces principes. Il en résulte que c'est sur la possession qu'est

fondé le privilége du gagiste, et sur la possession seule :
son origine c'est la convention expresse ou tacite des parties. Ce privilége très-favorable est aussi ancien que la
jurisprudence ; et à son égard, les dispositions du droit
civil et du droit commercial se confondent en une parfaite harmonie.

Un seul cas peut donner lieu quelquefois à une certaine
difficulté d'appréciation ; il est des circonstances où on
peut se demander s'il y a privilége de commissionnaire, ou privilége de gagiste. Je m'explique : en simplifiant le gage, les rédacteurs de la loi de 1863 devaient
être fatalement amenés à supprimer les formalités que
l'ancien art. 93 du Code de commerce imposait au commissionnaire. En effet, c'est l'intérêt du commerce qu'ont
eu en vue les rédacteurs de la loi de 1863. Or, le commissionnaire n'est-il pas plus utile au commerce que le prêteur sur gage ? Cela se comprend : dès la fabrication des
produits, il fait des avances aux négociants, sans que les
marchandises engagées sortent du mouvement des affaires
et du marché. Mais, précisément même à cause de l'analogie qui existe entre les deux cas, si la marchandise n'est
pas destinée à être vendue, comment distinguer le cas où
le privilége prendra naissance de plein droit, de celui où
il n'existera qu'en vertu d'une convention expresse de
gage ? L'intérêt ressort de la différence qui sépare
précisément le contrat de gage du contrat de commission. Nous pensons que les juges seront appréciateurs

souverains de ces questions qui sont des questions de fait:
à eux de voir si les avances se rattachent à un acte
qui rentre dans les attributions du commissionnaire, s'il
y a rapport de mandant à mandataire ; ou, au contraire,
si la remise de la marchandise est faite dans le but de
garantir un simple prêt, s'il y a rapport de prêteur à emprunteur.

Qui dit privilége suppose nécessairement le concours
de plusieurs créanciers : le gagiste, c'est un créancier qui
prime les autres. Donc, l'acquisition de la possession n'est
exigée, de la part du créancier gagiste, qu'en ce qui concerne les rapports de ce dernier avec les tiers. (Arrêt de la
Cour de Bordeaux, (du 8 juin 1832).

La même chose peut être engagée par le même individu à deux créanciers. Le débiteur a-t-il déclaré auquel
de ces deux gagistes il entendait donner la priorité sur
l'autre, cette volonté sera respectée comme étant la loi des
parties. Mais, une fois que le premier créancier aura été
désintéressé, le second, sur les choses qui restent, pri-
mera les créanciers chirographaires. Si l'acte de constitution du gage est muet sur la question du rang, les
deux nantis viennent au marc-le-franc.

Nous supposons toujours que le débiteur est de bonne
foi. Si le débiteur était de mauvaise foi, la préférence
devrait être donnée au premier saisi ; mais en consacrant
toujours, au profit du second créancier nanti, le droit de
primer les chirographaires. Car il ne faut pas que la mau-

vaise foi de son débiteur lui soit préjudiciable. (Arrêt de la Cour d'Aix, 21 février 1840).

Nous ne pouvons nous dispenser, (cela rentre du reste dans le cadre de notre sujet), de montrer quelques applications du contrat de gage, en matière de faillite. En ce qui concerne précisément le privilége du créancier gagiste, une question se présente, qui est très-controversée. Elle peut se formuler dans les termes suivants :

La substitution d'un gage à un autre, après la cessation des paiements du débiteur, tombe-t-elle sous le coup de l'art. 446 C. de Com. ? Je ne le crois pas. En effet, l'article 446 n'a d'autre but que d'annuler les actes préjudiciables à la masse, au profit d'un créancier que veut favoriser le débiteur. Or, ici, le gage a été constitué, en même temps que la .dette, avant la cessation des paiements. Ce qui est postérieur à la cessation des paiements, c'est uniquement un simple échange de sûretés, contrat que n'annule aucunement l'art. 446.

Les adversaires nous opposent que le débiteur, par cette substitution d'un gage à un autre n'a évidemment d'autre but que de tromper ses créanciers. Car autrement pourquoi remplacerait-il un ancien gage par un nouveau ? Que nos adversaires se rassurent : l'intérêt des créanciers sera, avec notre système, entièrement sauvegardé, puisque nous admettons parfaitement l'intervention des tribunaux : ils vérifieront s'il y a un acte licite, ou si c'est un contrat d'échange frauduleux, qui doit être régi par l'art. 447

C. de com. Avec ce tempérament, je ne vois pas ce que l'on pourrait reprocher à notre théorie. Cette question n'est, en quelque sorte, qu'une branche d'une théorie plus générale, que l'on peut ainsi formuler : L'art. 446 C. de Com., annule les nantissements constitués dans les dix jours qui précèdent la faillite. Or, c'est par la tradition que le gage arrive à être constitué. Donc, le gage stipulé et non livré, au moment où le débiteur tombe en faillite, doit faire partie de la masse active, (Cour de Rouen, 4 avril 1842. — Cour de Rennes, 12 juin 1840).

Avec le second alinéa de l'art. 92, nous allons voir quelles conditions doit remplir la possession du créancier gagiste, pour être opposable aux tiers.

DEUXIÈME PARAGRAPHE.

Quand est légale la possession du créancier gagiste.

Le second alinéa de l'art. 92 est ainsi conçu : « Le créan-
« cier est réputé avoir les marchandises en sa possession,
« quand elles sont à sa disposition dans ses magasins ou
« navires, à la douane ou dans un dépôt public ; ou si,
« avant qu'elles soient arrivées, il en est saisi par un con-
« naissement ou une lettre de voiture. » — C'est pour
supprimer toutes hésitations et incertitudes dans l'avenir,

qu'a été édictée cette disposition. « Des doutes se sont
« élevés, disait M. Cornudet, à l'occasion de la condition
« imposée par l'art. 2076 du C. civ. touchant la mise en
« possession du créancier. L'ancien art. 93 veut, pour que
« le privilége soit acquis au commissionnaire pour ses
« avances, que la marchandise soit à sa disposition dans
« ses magasins, ou dans un dépôt public. On a argumenté
« de ces expressions, pour contester le privilége, lorsque
« la marchandise était déposée, par exemple, dans un
« navire, ou que le commissionnaire en était saisi par un
« transfert en douane. Le projet tranche ces questions.
« La disposition doit être entendue dans le sens le plus
« large. Partout où la marchandise est réellement à la dis-
« position du créancier, dans ses magasins, dans ses na-
« vires, en douane, ou dans un dépôt public, le privilége
« doit exister. Elle est encore à la disposition du créan-
« cier, quand, même avant son arrivée, il en est saisi par
« un connaissement, ou une lettre de voiture. »

M. Millet avait proposé un troisième paragraphe ainsi
conçu : « Nonobstant le privilége du créancier gagiste,
« les objets donnés en gage restent soumis à l'action
« des autres créanciers du débiteur gagiste, ou du
« tiers donneur du gage. » Il voulait trancher ainsi
une question qui fut controversée : Les autres créanciers
du débiteur ont-ils le droit de saisir et faire vendre,
entre les mains du créancier, les objets qui lui sont
engagés ?

Mais cet amendement ne fut pas adopté. Voici comment y répond M. Vernier : « L'affirmative est la règle géné-« ralement suivie, et votre commission n'a pas cru devoir « ajouter à la longueur des articles du projet, sans une « utilité réelle. »

L'art. 92, 2°, comprend la tradition réelle, et feinte ou symbolique. Le crédit l'exigeait : il faut que les mar-chandises puissent faire l'objet légal d'un gage, même en voyageant. Magasins, douane, navires, dépôt public dit le second alinéa de l'art. 92. C'est là la possession pro-prement dite, la possession réelle. Elle existe, bien que la marchandise soit dans les magasins d'un tiers, pourvu que ce tiers soit mandataire du créancier gagiste. La Cour de cassation l'a décidé le 1er septembre 1840, relativement au privilége du commissionnaire. Le mot magasins a un sens très-général : partout où est la marchandise dont un négociant a la disposition, là est son magasin. Le créancier conserve le nantissement, tant que les marchandises restent dans ses magasins. Le propriétaire ne peut les vendre, que salvo jure creditoris, (Cour de Nancy, 14 décembre 1838).

Nous compléterons cette étude, quand nous nous occu-perons du mécanisme de l'organisation des Docks ou Ma-gasins Généraux.

Dépôt public, cela comprend la halle au blé, la douane, etc...

Une conséquence de la nécessité de la possession par le

négociant, ou par ses magasins, c'est-celle-ci : Le vendeur de marchandises, en cas de faillite de l'acheteur, peut les revendiquer, malgré toute opposition d'un créancier de la faillite, si ces marchandises ne sont pas encore dans la possession du débiteur failli, (cour de Douai, 17 février 1864).

Nous connaissons les généralités. Abordons maintenant quelques points de détail qui ont été controversés. La remise des clefs, par exemple, est considérée par la plupart des auteurs comme un dessaisissement suffisant, indiquant nettement l'intention du débiteur de faire passer légalement la possession entre les mains de son créancier, qui se trouve ainsi avoir la chose à sa disposition, (cour de Dijon, 17 août 1841. Cour de Paris, 7 août 1841). Je ne dis pas que ces arrêts ne fassent un peu trop bon marché de l'intérêt des tiers qui ne seront pas avertis assez clairement de la dépossession. Cependant, la jurisprudence est presque unanime, dans le sens de l'opinion ci-dessus émise.

Possession suffisante encore, quand il est convenu que le débiteur gardera la chose dans ses magasins, afin de lui donner les soins nécessaires. L'intention des parties indique clairement la nature du contrat formé (C. de cass. 11 août 1842. — Cour de Paris, 26 mai 1841).

Nous appliquons la même décision au transfert en douane. Cependant, la Cour d'Aix, par arrêt du 21 février 1840, avait décidé que le transfert en douane n'a d'autre but que de désigner celui à qui doit être demandé l'acquit des droit dûs, et ne peut attribuer aucunement le gage sur ces marchandises. Mais nous croyons, avec un arrêt de la Cour de cassation, du 17 juin 1847, que, pourvu qu'il indique la somme au paiement de laquelle il doit servir de garantie, le transport en douane a un caractère authentique qui commande assez la foi, pour lui donner le pouvoir de constituer le droit de gage.

La remise d'une facture énonçant les effets consignés avec pouvoir de s'en saisir, met encore la chose à la disposition du gagiste. Pouvant transférer le droit de propriété, pour quelle raison lui refuserait-on la transmission du droit de gage? Ajoutons que, si la facture est créée à ordre, elle sera endossable. La facture doit avoir reçu la forme d'un titre au porteur, ou d'un effet négociable; autrement, sa cession n'est pas opposable à la faillite du cédant, (C. de cass., 27 novembre 1865).

L'ouverture de crédit peut être garantie par un gage sur des marchandises affectées spécialement aux sommes qui seront successivement prêtées. Le gage a bien ici un caractère conditionnel; mais il est cependant parfaitement valable. Deux obligations prennent naissance au même moment : celui qui ouvre le crédit s'engage à fournir, jusqu'à concurrence du chiffre convenu, les sommes que lui demandera le crédité ; de son côté, ce dernier s'engage à rembourser les avances qui lui seront ainsi faites. Il y a, a décidé la Cour de Bruxelles, le 27 avril 1853, tradition suffisante du gage, et mise en possession du créancier gagiste, par ce fait seul que l'entrepositaire des marchandises engagées lui a fait connaître, sur l'invitation du débiteur, qu'il tient les marchandises à sa disposition, déclaration qui a été agréée par le créancier.

Le débiteur, dit encore l'art. 93, peut être saisi par un connaissement ou une lettre de voiture. Nous renvoyons ce que nous avons à dire sur le connaissement au moment où nous nous occuperons du gage maritime ; quant à la lettre de voiture, elle s'applique aux expéditions terrestres et fluviales. Les lettres de voiture peuvent être créées à ordre, et sont transmissibles par simple endossement. Il est juste de leur donner les libres allures qui peuvent en faire l'objet de négociations promptes et faciles, (Cour de Dijon, 10 avril 1843, — Cour de cass., 12 janv. 1847, et 31 juillet 1846. — Cour de Douai, 4 juin 1841).

Résumons-nous sur les caractères que doit avoir la possession, pour constituer le privilége : il faut qu'il y ait saisine, que cette saisine établisse clairement la possession et la dépossession, peu importe qu'elle soit réelle ou fictive. Le privilége cesse avec la possession, parce que la possession est nécessaire pour empêcher le débiteur d'usurper un faux crédit, et de tromper ainsi les tiers qui voudraient traiter avec lui.

Après avoir vu la création du gage, et ses effets à l'égard des tiers, ou le privilége du créancier, nous passons aux modes de réalisation.

TROISIÈME PARTIE.

RÉALISATION DU GAGE. Art. 93.

Il y a eu une sûreté donnée par un débiteur à son créancier. Cette sûreté a pour but, le créancier n'étant pas payé, de lui permettre de recouvrer sa créance.

Nous allons voir comment il y arrivera.

Quatre paragraphes correspondront aux quatre alinéas de l'art. 93 C. de Com.

I. Droit du créancier non payé à l'échéance.

II. Comment s'opère la vente du gage.

III. Renvoi à la loi de 1858.

IV. Nullité du pacte commissoire.

PREMIER PARAGRAPHE

Droits du créancier non payé à l'échéance.

L'art. 93-1° porte : « A défaut de paiement à l'échéance,
« le créancier peut, huit jours après une simple significa-
« tion faite au débiteur, et au tiers bailleur de gage, s'il y

« en a un, faire procéder à la vente publique des objets
« donnés en gage. »

Quel est le droit commun auquel déroge l'art. 93,
1° ? C'est la disposition de l'art. 2078 C. Civ. qui dit :
« Le créancier ne peut, à défaut de paiement, s'appro·
« prier le gage ; sauf à lui à lui faire ordonner en justice
« que ce gage lui restera en paiement, et jusqu'à due
« concurrence, d'après une estimation faite par experts,
« ou qu'il sera vendu aux enchères. »

Ce sont là des lenteurs dont ne pouvait pas s'accommoder le commerce. A Rome déjà, sans distinguer entre le
gage civil et le gage commercial, le créancier faisait
procéder à la vente lui-même, une fois qu'il n'était pas
payé à l'échéance. En France, la pratique contraire
a été toujours suivie. Cependant, la Banque de France,
le Crédit Foncier, les Comptoirs et Sous-Comptoirs d'Escompte furent affranchis des formes édictées par le Code
Civil. Dès le lendemain de l'échéance, la vente s'opère, sans
qu'il soit besoin de sommation. Nous reviendrons plus tard
là-dessus. En 1858, cette faveur fut étendue aux Docks.
Huit jours après la signification, la vente a lieu : cela
sera l'objet d'une étude spéciale. Nous revenons à notre
loi de 1863. Va-t-on généraliser les exceptions dont bé-
néficient la Banque, le Crédit foncier, les Magasins généraux ? Va-t-on, au contraire, maintenir l'art. 2078 dans
tous les cas ? Cette dernière opinion rétrograde ne
répondait au vœu de personne : chacun voulait prohiber

l'art. 2078. En effet, son tort très-grave était d'amener un retard nuisible au créancier qui n'obtenait son paiement qu'après une perte de temps souvent irréparable. Et puis les frais de justice pouvant diminuer ou absorber presque complétement la créance, le créancier n'avait plus qu'un recours contre un débiteur quelquefois insolvable.

Tout cela nuisait au commerce, en rendant défiants les capitalistes. Ce que l'on voulait, c'était une sorte de transaction, une espèce de terme moyen entre l'art. 2078 et les lois sur la Banque et les Docks. Ainsi, M. Dalloz proposa de porter à un mois, au lieu de huit jours, le délai qui doit suivre la signification au débiteur. M. Vernier lui répondit ainsi : « Ne serait-ce pas rentrer dans le système « des lenteurs que l'on veut éviter pour la réalisation du « gage? Et cela, sans profit pour personne? Le délai de « huit jours a, au surplus, un précédent dans la loi de « 1858, qui peut rassurer complétement sur ses effets. »

M. Millet voulait que l'autorisation du tribunal fût remplacée par une ordonnance sur requête du juge de paix ou du président du tribunal de commerce. Il voulait la sommation au lieu de la signification. M. Vernier lui répondit en ces termes : « Cette procédure, quoique plus simple « que celle qu'elle aurait été appelée à remplacer, aurait le « très-grand tort de conserver à peu près tous les incon- « vénients de l'ancienne. »

On voit toujours que l'esprit de la loi de 1863 est d'étendre le plus possible les dispositions de la loi de 1858 :

cela prouve bien les résultats favorables qu'elle avait déjà produits.

Une loi bien faite devait sauvegarder l'intérêt des tiers, de l'emprunteur, du créancier, de l'industrie et du commerce. C'est un é oge qui est dû à la loi de 1863 : « L'in-« térêt des tiers, a dit le rapporteur du projet de loi, est « sauvegardé par l'obligation d'une vente publique qui, « d'une part, en raison de la publicité même, avertit les « tiers intéressés et leur fournit les moyens d'aviser pour « se protéger, s'il y a lieu ; et, d'autre part, avec les dé-« veloppements que les ventes publiques paraisssent ap-» pelées à prendre de plus en plus dans notre pays, et « que provoque la législation nouvelle, assure à la réa-« lisation du gage les conditions les plus favorables. »

Se préoccupe-t-on de l'intérêt général ? « L'expérience, « continue l'orateur, a montré que cette préoccupation « n'était pas fondée. En fait, aucune conséquence fâ-« cheuse n'est résultée, au point de vue de l'intérêt géné-« ral, de la disposition qui autorise le porteur du warrant « non acquitté à l'échéance, à faire vendre le gage, sans « recourir à la justice. »

Que dire de l'intérêt de l'emprunteur ? « La disposition « de la loi est pour lui un véritable bienfait. Le commerce « et l'industrie ont besoin de capitaux à bon marché. Le « prêt sur nantissement devait être un des moyens les plus « économiques de s'en procurer, puisqu'il confère un pri-« vilége au prêteur sur une valeur certaine. On peut donc

« dire ici que favoriser le créancie c'est par le fait, fa-
« voriser le débiteur. »

Du reste, la signification est bien suffisante ; car le débiteur ne peut être dépouillé à son insu par une vente faite
clandestinement. Ces huit jours sont suffisants pour lui
permettre de chercher des fonds, afin de rembourser. Et
puis, la liberté et la chaleur des enchères garantissent
aussi que la vente portera la chose à sa valeur.

Ainsi, pour nous résumer, voici les seules formalités
exigées : l'échéance est arrivée ; simple signification est
adressée au débiteur, et au tiers bailleur du gage, s'il y
en a un : aux deux, dans le but d'une plus grande publicité : au débiteur, pour le prévenir qu'il ait à payer ; au
tiers bailleur, pour qu'il puisse empêcher la vente, en
payant pour le débiteur, ou en se portant caution pour
lui.

DEUXIÈME PARAGRAPHE

Comment se fait la vente:

Nous avons déjà vu que suffisent une simple signification au débiteur, et un délai de huit jours, entre cette signification et la vente. Nous avons vu aussi que la vente
doit être publique : toutes garanties dans l'intérêt du débiteur, et qui ne nuisent (nous l'avons montré), ni au

créancier, ni aux tiers, ni à l'industrie et au commerce. Que nous reste-t-il à étudier ? La question de compétence des officiers chargés de ces ventes. C'est l'objet du second alinéa de l'art. 93 : « Les ventes, autres que celles dont les « agents de change peuvent seuls être chargés, sont fai- « tes par le ministère des courtiers. Toutefois, sur la re- « quête des parties, le président du tribunal de commerce « peut désigner, pour y procéder, une autre classe d'offi- « ciers publics. Dans ce cas, l'officier public, quel qu'il « soit, chargé de la vente, est soumis aux dispositions qui « régissent les courtiers, relativement aux formes, aux « tarifs, et à la responsabilité. »

Célérité et garanties de la réalisation du gage : voilà le but de cette disposition. Ajoutons le désir de voir di- minuer des frais souvent excessifs. « La compétence et « les frais, disait M. Vernier, doit être égale pour tous les « cas. » Voilà pourquoi la loi de 1863 ne distingue plus, entre la procédure spéciale de la vente du gage des mar- chandises, et celle de la vente des objets autres que les marchandises, les art. 617 et suivants du Code de procéd. civ. étant alors applicables. Cela avait le tort d'amener des règles différentes, et des juridictions différentes. Donc, plus de distinction. « La différence, disait M. Vernier, « entre ce qui est marchandises et ce qui ne l'est pas, se « comprend et s'explique, quand il s'agit de choisir entre « les officiers publics chargés de la vente ; elle ne se com- « prend plus, quand on se demande à quel tribunal se-

« ront portées les contestations sur la vente, ou quels
« seront les frais que l'opération devra entraîner. »

Le 2° de l'art. 93 consacre d'abord un monopole, qui
résulte déjà de l'art. 76 du C. de com. : « les agents de
« change, dit cet article, constitués de la manière
« prescrite par la loi, ont seuls le droit de faire les négo-
« ciations des effets publics et autres susceptibles d'être
« cotés. » Cet article reproduit les dispositions de l'arrêt
du 24 septembre 1724, et de l'arrêt du 27 prairial an x.
Le législateur maintient donc les attributions privilégiées
des agents de change. Quelles sont les valeurs qu'ils sont
appelés à vendre ? Le rapporteur le dit : « si le gage est
« constitué en effets publics, ou autres valeurs, cotées ou
« susceptibles de l'être, la vente aura lieu à la Bourse, par
« le ministère d'un agent de change. » Les effets publics,
ce sont ceux créés par l'État ou les grandes compagnies,
pour représenter les sommes qu'ils empruntent.

Remarquons que ce monopole réservé aux agents de
change ne porte pas brèche au principe de publicité édicté
par la loi de 1863. En effet, ces ventes n'ont-elles pas une
publicité bien complète, à la Bourse, où les acheteurs
viennent tous les jours, aux heures fixées, sans qu'il soit
nécessaire de les convier et de les réunir ? En outre, les
ventes sont affichées à la Bourse, (arrêté du 4 février 1850.
— C. de cass., 7 décembre 1853. — Cour de Bruxelles,
6 janvier 1834).

La loi respecte le privilège des agents de change ; mais

elle ne l'étend pas : aussi, dans tous les cas où le ministère de l'agent de change n'est pas forcé, c'est le Courtier qui instrumentera. Les courtiers, c'est la classe d'officiers publics que le législateur a pris pour type des mandataires chargés des ventes : et cela, dans le but d'économie de frais que nous avons signalé. L'art. 486 du Code de commerce est le premier texte qui attribue aux courtiers le droit, appartenant d'abord aux commissaires-priseurs, de vendre aux enchères publiques les effets et marchandises des faillis.

Le décret du 11 novembre 1811 généralisa cela, en exigeant l'autorisation du tribunal de commerce. Dans le cours de la discussion de la loi de 1863, la question revint : « le courtier, dit M. Cornudet, est naturellement « désigné ; puisque, s'agissant d'un gage constitué par un « commerçant, dans le plus grand nombre des cas, les « objets à vendre seront des marchandises faisant, au mo- « ment de la vente, l'objet d'un commerce ; et que, pour « vendre des marchandises de cette nature, il y a avantage « à employer le courtier qui est plus compétent dans ces « sortes de ventes, et dont le ministère est d'ailleurs « moins coûteux que celui des officiers publics. » Ce système avait des précédents législatifs : loi du 25 juin 1811, et loi du 3 juillet 1861.

Voici ce que dit l'article 6 de la loi de 1811 : « les ventes « publiques aux enchères de marchandises en gros conti- « nueront à être faites par le ministère des courtiers, dans

« les cas, aux conditions, et selon les formes indiquées par

« les décrets des 22 novembre 1811, 17 avril 1812, la loi

« du 15 mai 1818, et les ordonnances des 1er juillet 1818,

« et 9 avril 1819. »

Voilà les textes sur la matière. Le principe, c'est que la vente doit être faite par les courtiers. Mais ce principe peut fléchir. L'art. 93 nous le dit, dans son second alinéa.

Deux hypothèses sont possibles : 1° il n'y a pas de courtiers dans le lieu où doit s'opérer la vente; 2° les parties pensent qu'il est de leur intérêt qu'une autre classe d'officiers publics procède à la vente. Dans ces deux cas, que va-t-il se passer ? Notre réponse se trouve dans les termes mêmes de l'art. 93 : « sur la requête des parties,

« le président du tribunal de commerce peut désigner une

« autre classe d'officiers publics. Dans ce cas, l'officier

« public, quel qu'il soit, chargé de la vente, est soumis

« aux dispositions qui régissent les courtiers, relative-

« ment aux formes, aux tarifs, à la responsabilité. » Ainsi, le législateur admet la validité des ventes, faites autre-ment que par le ministère des courtiers : tel est le com-missaire-priseur, le notaire, l'huissier, le greffier : cela dépend des biens qui sont à vendre, et de l'appréciation du président du tribunal de commerce.

Mais, séduit toujours par l'économie des frais, le légis-lateur ajoute immédiatement : « les règles applicables aux courtiers seront étendues aux officiers publics, quels qu'ils soient, qui les remplaceront. » En effet, tandis que le commissaire-priseur, par exemple, prend quelquefois 8 0/0, le courtier ne reçoit, selon la différence des places, que 1/2 à 1 1/2 0/0.

Les officiers publics, dit la loi, doivent se conformer aux formes, aux tarifs, à la responsabilité des courtiers.

Formes. — Ce sont des affiches, d'abord ; puis, une requête au Président, requête contenant l'état des marchandises, (art. 5 de la loi de 1841). L'adjudication peut avoir lieu par lots, (art. 5 de l'Ordonn. de 1819). Citons encore l'art. 3 du décret du 4 septembre 1863 : « Le mi-« nimum de la valeur des lots est fixé à 100 francs, pour « les ventes de marchandises de toute espèce, faites dans « les cas prévus par la loi du 23 mai 1863. »

Tarifs. — L'enregistrement ne perçoit que 10 cent. par cent francs, depuis la loi de 1858.

Responsabilité. — L'officier qui a procédé à la vente est personnellement responsable du prix, s'il a fait crédit, de son propre chef ; et, en ce cas, il n'a, contre l'adjudicataire, que la voie d'une assignation pour obtenir jugement. Il est toujours responsable, envers les acheteurs, de la livraison des objets vendus [1].

[1] Le courtier doit donner à l'acheteur le moyen d'exercer ses droits contre le vendeur, en le lui faisant connaître, au moins après la vente. Il ne peut pas sortir de ses attributions d'officier public, pour se constituer le mandataire du vendeur, pour les actes qui doivent s'accomplir après l'adjudication. (Cour de Paris, 23 novembre 1866). Ce qu'il ne peut pas faire non plus, c'est empiéter sur les attributions du commissaire priseur, mais la réci-

TROISIÈME PARAGRAPHE.

Renvoi à la loi de 1858.

L'art. 93, 3°, dit : « Les dispositions des art. 2 à 7 in-
« clusivement de la loi du 28 mai 1858, sur les ventes pu-
« bliques, sont applicables aux ventes prévues par le pa-
« ragraphe précédent. »

Les dispositions de la loi de 1858 sont relatives à la procédure, aux tarifs, aux frais, à la compétence. Nous
retrouverons la loi de 1858, au sujet des magasins géné-

proque est vraie. Ainsi, il a été décidé que les commissaires-priseurs peuvent demander des dommages-intérêts contre un courtier
qui a procédé à une vente qui constitue un empiètement sur leurs
attributions, (Cour de cassation, 11 février 1863).

Autre décision relative encore aux courtiers, dans un arrêt de la
C. de cass. du 29 mars 1858. Les syndics d'une faillite peuvent,
pour la vente de marchandises du failli à vendre sur échantillons,
avec l'autorisation du juge commissaire, choisir les courtiers de
commerce, bien qu'ils ne puissent exercer leur office en dehors
la commune où est établie la Bourse de commerce, et que ces marchandises soient cependant situées au dehors. Il n'y a pas là
empiètement sur les attributions des commissaires-priseurs qui
sont malvenus à réclamer des dommages-intérêts.

Mais il y a délit d'immixtion dans les fonctions de courtier, dans
le fait d'une personne qui offre ses services à des négociants
de différentes places, qui sollicite leurs mandats, et qui, à la faveur
de ces mandats sert d'intermédiaire entre eux et d'autres négociants : soit pour des achats, soit pour des ventes, (C. de cass.,
23 avril 1863).

raux. Passons donc légèrement sur ces articles, et bornons-nous à citer quelques textes les plus importants :

« *Art.* 2. Les courtiers établis dans une ville où siège un
« tribunal de commerce, ont qualité pour procéder aux
« ventes régies par la présente loi, dans toute localité
« dépendant du ressort de ce tribunal, où il n'existe pas
« de courtiers. — Ils se conforment aux dispositions pres-
« crites par la loi du 22 pluviôse an vii, concernant les
« ventes publiques de meubles.

« *Art.* 3. Le droit de courtage, pour les ventes qui font
« l'objet de la présente loi, est fixé, pour chaque localité,
« par le Ministre de l'agriculture et des travaux publics,
« après avis de la Chambre et du tribunal de commerce ;
« mais, dans aucun cas, il ne peut excéder le droit établi
« dans les ventes de gré à gré, pour les mêmes sortes de
« marchandises.

« *Art.* 4. Le droit d'enregistrement des ventes pu-
« bliques en gros est fixé à 10 centimes pour 100 francs.

« *Art.* 5. Les contestations relatives aux ventes seront
« portées devant le tribunal de commerce.

« *Art.* 6. Il est procédé aux ventes dans les locaux
« spécialement autorisés à cet effet, après avis de la
« Chambre et du tribunal de commerce. »

C'est donc à la loi de 1858 que se référa le législateur
de 1863, ainsi qu'il appert de ce passage du Rapport de
M. Vernier : « Les contestations qui pourront s'élever seront
« portées devant le tribunal de commerce. Le droit d'en-

« registrement de la vente est abaissé de 50 cent. par
« cent francs à 10 cent. Les honoraires de l'officier pu-
« blic seront ceux plus réduits attribués aux courtiers.
« La vente aura lieu dans les salles de ventes, là où il en
« existe ; et, quand il n'en existe pas, dans les locaux qui
« y sont ordinairement affectés. » Relativement à cette
dernière formalité, le lieu où sera faite la vente, il ressort
de la discussion du Projet de loi que le président a tout
pouvoir d'appréciation, quant au local de la vente. Ainsi,
il est évident que les objets d'art, les bijoux, les choses
précieuses seront vendues plus avantageusement à Paris
que partout ailleurs.

QUATRIÈME PARAGRAPHE.

Nullité du pacte commissoire.

Voici en quels termes est conçu le quatrième alinéa de
l'art. 93 : « Toute clause qui autoriserait le créancier à
« s'approprier le gage ou à en disposer, sans les formali-
« tés ci-dessus prescrites, est nulle. » C'est la sanction des
premiers alinéas de l'art. 93, et la reproduction du second
paragraphe de l'art. 2078 du C. civil. « C'est, a dit
« M. Vernier, une disposition destinée à conserver à l'em-
« prunteur sur gage, une dernière protection ; mais cette
« fois du moins, la protection est dans la mesure conve-

« nable, et ne doit pas empêcher la formation du contrat,
« si le prêteur ne peut pas s'approprier et vendre clan-
« destinement l'objet donné en gage, il peut en opérer
« la réalisation avec rapidité, et sans que ses intérêts lé-
« gitimes aient à en souffrir. »

Ce que prohibe la loi de 1863, ce qu'avait déjà prohibé
le Code Civil et toutes les législations qui l'ont précédé,
c'est le pacte commissoire. Cette convention qui, opérant
la conversion du gage en une vente sans concurrence
d'acheteurs, met le débiteur qui souffre à la merci du
créancier qui lui impose ses conditions, est une convention immorale et vexatoire : c'est un abus du fort sur le
faible, c'est la consécration de l'usure, c'est l'odieuse
spéculation de celui qui a, venant dépouiller celui que
pressent d'impérieuses nécessités d'argent. Aussi, de tout
temps, les lois se sont-elles élevées contre ces pactes lé-
sionnaires. A Rome, Constantin, dans la loi dernière, au
Code De pactis pignor. (8, 34), renouvelant une
prohibition déjà faite, et l'étendant même au delà des
termes où elle était renfermée d'abord, déclara que l'insertion de la « lex commissoria » entraînait la nullité du
contrat lui-même. Pothier n'a pas poussé la rigueur aussi
loin que Constantin. C'est sa doctrine qu'a suivie le Code
Civil : ce qui est nul, c'est seulement le pacte et non
le contrat tout entier.

Voilà le principe : nullité de la convention qui dépouille
à l'avance le débiteur. Nous avons vu les origines et les

motifs de cette prohibition. Mais quand peut-on dire, à proprement parler, qu'il y a pacte commissoire ? Cela sera souvent une question de fait ; aussi, pour la résoudre, il est nécessaire de poser quelques espèces destinées à mieux mettre en lumière la théorie.

1. Nous avons vu que est nul le pacte commissoire apposé au contrat même. Quid, s'il est stipulé ex intervallo, c'est-à-dire, entre la convention de gage et l'échéance de la dette ?

Le débiteur, dit-on quelquefois, est déjà en possession de l'argent. Il n'y a donc aucune raison ici pour appliquer notre article. Selon nous, cette clause, même ex intervallo, est nulle, parce que le débiteur est toujours sous l'empire et la pression du créancier. En effet, voilà l'échéance qui approche. Le créancier menace de vendre, et le débiteur cédant à cette intimidation consent le pacte commissoire. Est-il indigne de la protection du législateur ?

2. Il y aurait nullité encore, si le pacte convertissait le gage en vente, moyennant un prix fixé ex tunc, c'est-à-dire an moment du contrat. Cette estimation, en effet, n'est pas sérieuse, à un moment où la volonté du débiteur est loin d'être complétement libre. Mais le pacte serait valable s'il contenait la clause que, à défaut de paiement à l'échéance, la chose sera acquise au créancier, moyennant un prix qui sera fixé à cette époque. Le débiteur eût pu vendre la chose, et cette estima-

tion faite au moment de l'échéance aboutit au même résultat.

3. Voici encore une clause qui a donné lieu à des controverses : un gage est constitué, et il est convenu que, à défaut de non paiement, ce ne sera pas la chose engagée, mais une chose déterminée étrangère à tout nantissement qui deviendra la propriété du créancier. La plupart des auteurs ne voient là qu'une vente conditionnelle qui est parfaitement valable, (Cour de Cassation 1er juillet 1844). Nous croyons, pour notre compte, que cette opération est nulle. L'esprit de la loi est de protéger le débiteur. Or, toutes les fois que le gage et le pacte commissoire sont consentis en même temps, c'est-à-dire, au moment du prêt, il n'y a pas liberté suffisante du débiteur. Sans doute, on dira que le débiteur peut, en vendant la chose, rendre la clause nulle. Mais on peut dire aussi que le prix des choses est variable ; et que, fixé ainsi à l'avance, il n'a pas pu faire l'objet d'une appréciation suffisamment sérieuse.

4. Enfin, voici un cas qui se présente encore quelquefois : le débiteur a donné au créancier un fidéjusseur. S'il ne paie pas à l'échéance, il est convenu que ce fidéjusseur recevra en paiement la chose qui est en gage entre les mains du créancier. Cet accord de volontés doit recevoir son exécution. En effet, celui à qui le débiteur promet de donner la chose convenue en paiement n'est pas celui qui lui a procuré l'argent. On ne peut pas dire que le

désir d'obtenir l'argent de ce fidéjusseur ait été le mobile du consentement à la vente. Du reste, et c'est là une raison qui me semble péremptoire, il n'y a pas ici rapport de créancier à débiteur.

C'est à titre d'exemples que nous avons parcouru ces diverses hypothèses. Comme nous le disions plus haut, le fait se trouvera le plus souvent mêlé au droit, et ce sera aux tribunaux à apprécier, en se conformant aux circonstances, le caractère du contrat passé entre le créancier et le débiteur.

Nous avons terminé par là l'explication de la loi de 1863 : La loi de 1863 est le droit commun. Maintenant nous allons étudier le contrat de gage, dans des applications particulières. La suite de notre travail sera consacré au rôle, en ce qui touche le Nantissement, des Magasins Généraux, de la Banque de France, des Comptoirs et Sous-comptoirs de garantie, du Crédit Foncier.

DOCKS OU MAGASINS GÉNÉRAUX

Les Docks ou magasins généraux, quoique d'origine récente, jouent cependant déjà un rôle important dans les affaires commerciales. Ce sont des institutions de crédit, et le crédit étant un agent de production puissant, sa généralisation augmente le bien-être de toutes les classes. A ce titre, leur organisation et leur fonctionnement méritent l'attention de l'économiste aussi bien que du jurisconsulte.

Les Docks, le nom même l'indique, (en Anglais Dock signifie bassin parce qu'ils sont situés d'ordinaire dans les ports. Stock veut dire provisions en magasins), les Docks sont d'une importation étrangère. Les Anglais, esprits éminemment pratiques, gens d'affaires avant tout, devaient nous précéder en cette voie ; et je crois que l'on peut aller jusqu'à dire que c'est l'institution des Docks qui a été une des causes de cette suprématie industrielle et commerciale qui a fait de la Grande-Bretagne le marché du monde et qu'elle a exercée à notre détriment, jusqu'au jour ou la lettre du 5 janvier 1860, en donnant au commerce de la France un essor et une importance que le libre échange pouvait seul lui assurer, nous a permis de soutenir la concurrence, et nous a même, en bien des points, rendus les égaux de ceux qui furent d'abord nos maîtres.

La Hollande et l'Allemagne aussi connurent avant nous les magasins généraux. Leur origine, en Allemagne, est peut être ces banques d'avances (Forchousbanken), et ces associations de crédit (Creditfereine), institutions essentiellement favorables aux artisans, et qui, à cause même de leur but et de leur objet, devaient trouver aussi vite en France un sympathique écho. Les entrepôts, dûs à Colbert et qui étaient un souvenir des anciens ports francs, ainsi appelés parce que les marchandises qui y étaient déposées étaient exemptes des droits de douane, ont été à bon droit considérés comme l'idée première de ce qui plus tard prit le nom de magasins généraux. Mais ce n'est vraiment qu'en 1848 que les bases de l'organisation de cette institution furent légalement arrêtées.

La crise industrielle qui sous le gouvernement provisoire exerçait une influence fatale sur les affaires commerciales, rendait nécessaire le décret de 1848. Nous voyons la confirmation de cette idée dans les paroles du rapporteur, M. Garnier Pagès : « Cette crise, dit-il, s'est manifestée « sous deux aspects : l'encombrement des portefeuilles, « l'encombrement des magasins. Vous avez déjà décrété

« les comptoirs d'escompte ; (nous reviendrons, dans
« une autre partie de ce travail, sur les comptoirs d'es-
« compte), faites pour la marchandise ce que vous avez
« fait pour le papier. »

Tel est le but du décret des 21-22 mars 1848 : attirer les
capitaux par le Nantissement des marchandises. C'est cette
pensée utile, nécessaire même alors, qui a dicté l'art Ier
du décret des 21-22 mars 1848 : « il sera établi à Paris et
« dans toutes les villes où le besoin s'en fera sentir, des
« magasins généraux, où les négociants et les industriels
« pourront déposer les matières premières, les marchan-
« dises, les objets fabriqués dont ils seraient propriétaires. » Et l'article 2 ajoute aussitôt : « Ces magasins
seront établis d'urgence. » Ce qui répondait au cri de
détresse poussé par les commerçants.

Un arrêté du Ministre des Finances, rendu le 26 mars
1848, ne fit qu'assurer l'exécution du décret du 22 mars.
Un décret rendu les 23-26 août de la même année, art. 1er,
assure : « le privilège de Nantissement par le transfert du
« récépissé à son ordre, et par la mention dudit transfert
« sur le registre du magasin avec indication de la somme
« prêtée, à toute personne qui en vertu des décret et
« arrêté des 21 et 26 mars dernier, aura prêté ou prêtera
« sur des marchandises déposées dans les magasins géné-
« raux. »

Le commerce suivit avec moins d'ardeur qu'on n'eût pu
o supposer, l'impulsion que lui donnait le gouverne-

ment. C'est que les formalités prescrites entraînaient des lenteurs et des frais, qui ne pouvaient s'accommoder avec les allures rapides et sommaires qui sont de l'essence du commerce. Aussi, le décret de 1848 n'eut que dix ans d'existence. Les améliorations demandées universellement furent faites par la loi des 28 mai — 11 juin 1858.

M. Ancel, le rapporteur, nous donne bien l'idée qui animait le législateur de 1858 : « Sans prétendre transporter « en France une organisation et des facilités extrêmes, » que l'Angleterre doit à un ensemble d'usages et de « coutumes séculaires qu'il pourrait être périlleux d'es- « sayer chez nous, le Gouvernement a voulu supprimer les « entraves que notre législation met au développement « des emprunts des marchandises. »

Cette pensée avait déjà été exprimée par M. Rouher alors ministre de l'agriculture et du commerce. Elle guida les rédacteurs de la loi de 1858, et inspira le décret réglementaire des 12-31 mars 1859.

Des modifications importantes sont introduites : il n'y a plus, comme sous la législation de 1848, un titre unique, le récépissé, pour la vente comme pour le nantissement. En 1858, on adopte le système anglais : double titre, (sale warrant ; et weight note, note de poids).

En second lieu les formalités nécessaires à la vente sont simplifiées: Plus d'intervention de justice; mais seulement un protêt ; et, huit jours après, vente du gage.

Ajoutons, pour terminer cet exposé de la législation sur

les docks que le législateur, (il le dit lui-même), s'est fié à
la pratique et à la jurisprudence, pour compléter la loi.
Suivons cette marche nous-même, et, maintenant que
nous connaissons les textes, étudions, dans quelques détails, le mécanisme du fonctionnement des magasins généraux.

Les magasins généraux sont ouverts, sous la surveillance et avec l'autorisation du gouvernement ; les mi-
nistres des finances et de l'agriculture et du commerce
ayant été consultés. L'acte d'autorisation fixe, en même
temps, le chiffre du cautionnement que doivent fournir les
exploitants. Ces formalités résultent des art. 1er de la loi
du 28 mai 1858 ; 1er et 2e du réglement d'administration
publique du 12 mars 1859.

Voilà le magasin général constitué et organisé. Voyons
maintenant le rôle qu'il joue, dans la pratique commerciale, et l'utilité que les industriels retirent de ces institutions de crédit. J'examinerai cette utilité sous les cinq
points de vue suivants , insistant spécialement sur le
mode de la mise en gage des marchandises, et sur les
warrants qui constatent ce nantissement :

I. Tout magasin général est d'abord un intermédiaire :
il met en face l'un de l'autre ce prêteur qui a des capitaux
disponibles, et cet emprunteur propriétaire des marchandises dont la garantie peut lui attirer les fonds qui lui
sont nécessaires.

II. Le magasin général est encore un lieu de garde : il

évite le déchargement et la détérioration de marchandises
non encore vendues, ou vendues déjà mais non livrées ; et
dispense le propriétaire de payer les droits de douane et
d'octroi [1].

III. C'est aussi un dépôt : moyennant des frais peu élevés
de magasinage, le commerçant peut y déposer le trop-
plein de ses marchandises ; et les retirer à mesure qu'il
en opère la vente. Les entrepôts avaient été déjà créés sous
Louis XIV, dans ce but.

IV. Grâce au récépissé que délivre le magasin général,
la propriété des marchandises peut passer entre plusieurs
mains, sans déplacement. Avec endossement du récépissé
(je ne fais actuellement qu'indiquer ce point), le propriétaire change, et le nouvel acheteur peut continuer à laisser
en dépôt les marchandises vendues, le magasin possédant
désormais pour son compte. Mentionnons, sous ce paragraphe, l'art. unique du décret des 26-27 mars 1848, qui
autorise la banque de France à admettre à l'escompte, en
remplacement de la troisième signature, les récépissés de
dépôt sur marchandises. Il peut y avoir aussi des retraits

[1] Les magasins généraux sont responsables des avaries de marchandises qui leur sont déposées. Car ils sont chargés de la garde
du gage. La Cour de Paris l'a décidé, le 27 juin 1862, pour des
huiles qui avaient été évaporées, par suite de la négligence des
préposés. Le tribunal de commerce de la Seine a rendu la même
décision, le 12 mars 1862, au sujet d'un mauvais conditionne-
ment opéré par les ouvriers du Dock, et qui avait causé des avaries aux marchandises déposées.

partiels. Les règles qui leur sont applicables sont celles édictées pour les retraits que l'on peut appeler retraits de totalité. Un arrêt de la Cour de cass., du 13 août 1866, expose une espèce où le retrait est intéressant quant à la faillite, si l'on suppose des rapports établis entre une banque et un Dock. Si une ville ayant établi un magasin général a chargé une maison de banque de recevoir les sommes à consigner par les déposants, en cas d'anticipation de paiement, et par suite du retrait de marchandises, aux termes de l'art. 6 de la loi du 28 mai 1858 ; et que, avisée que le déposant, créancier à la dite maison de Banque, pour compte courant, d'une somme exigible supérieure à la somme à consigner, a fait porter à son crédit le montant nécessaire pour désintéresser le porteur du warrant garanti par le dépôt des marchandises retirées, la ville ait accepté ce mode de libération du déposant, l'imputation ainsi faite sur le compte de la ville doit être considérée comme un paiement en espèces : elle ne peut donc être attaquée comme nulle, en vertu de l'art. 446 C. Com.

Autre arrêt rendu encore en matière de faillite par la Cour de Grenoble, le 18 août 1866 : L'état de faillite d'un déposant peut autoriser le syndic à laisser imputer sur le reliquat du prix des marchandises vendues, ce qui est dû par le failli, pour un warrant auquel sont affectées d'autres marchandises.

V. Enfin, les Docks peuvent posséder, à titre de gage, les marchandises qui leur sont remises.

C'est sur ce point que nous devons porter spécialement notre attention ; et c'est sous ce rapport que nous étudierons, avec quelques développements, le rôle des magasins généraux.

Pour bien mettre ce rôle en lumière, éclairons par une application pratique les faits qui donnent lieu constamment à l'intervention du magasin général.

Un négociant, je le suppose, a besoin de capitaux, pour conclure une affaire industrielle qui importe grandement a son commerce. Vendra-t-il les marchandises qu'il peut avoir en magasin ? Mais les prix sont bas, en ce moment, et la vente serait défavorable et intempestive. Trouvera-t-il des prêteurs, sur son seul crédit personnel ? Mais son nom n'a peut-être pas sur le marché une notoriété assez grande pour lui attirer cette confiance. L'institution des magasins généraux offre un moyen de tout concilier : que ce négociant s'adresse à un banquier, et, sur la garantie des marchandises qu'il déposera dans un Dock, le banquier effectuera le prêt. Et dèslors, le magasin général possède au nom du banquier. C'est ainsi qu'en droit civil, nous voyons qu'un tiers peut détenir l'objet engagé par le débiteur à son créancier, (art. 2076 du Code civil).

C'est de la sorte que les faits se sont passés. Voyons maintenant comment se forme et se prouve juridiquement ce contrat intervenu entre le prêteur et l'emprunteur, le dock étant, lui, le tiers détenteur. Nous arrivons aux récépissés et aux warrants.

Tout magasin général possède des registres à souche. Au déposant il délivre un titre double, (c'est une innovation de la loi de 1858). Le haut de la feuille contient ce qu'on appelle le récépissé ; la seconde partie, le warrant. Le récépissé à ordre mentionne le nombre, les espèces et les marques des marchandises, les noms, qualité, domicile du déposant, la date du dépôt, la nature et le poids brut des choses déposées. Tel est le titre qui constate que l'emprunteur est resté propriétaire ; ajoutons *salvo jure pignoris*, si les marchandises sont plus tard données en gage. Cela nous amène au warrant. Le warrant, en effet, est le bulletin de gage. Il énonce les mêmes désignations matérielles que le récépissé, et constate deux choses : l'obligation personnelle du signataire, et la mise en gage des marchandises. La preuve de cette convention de gage, elle est dans la copie de l'endossement du warrant sur les registres du magasin.

Une formalité commune à ces deux titres, c'est l'enregistrement. Seulement, tandis que le récépissé est soumis au timbre de dimension, et ne donne lieu qu'à un droit fixe, le warrant, endossé séparément du récépissé, est soumis au timbre proportionnel, et donne lieu à un droit proportionnel. (Art. 1 du décret du 23 août 1848. Art. 13 de la loi du 28 mai 1858.)

Nous venons de voir le contrat formé : les parties sont en présence. Ce n'est pas tout. Il faut maintenant que ces titres circulent. Car c'est ce mouvement et cette célérité

qui sont la vie du commerce. L'endossement remplit ce
but. L'endossement peut porter sur les deux titres ensemble, ou séparément. Dans la première hypothèse, le
déposant transmet le droit de propriété : il vend son dépôt. La remise du récépissé est une véritable tradition des
marchandises déposées [1]. Le déposant veut-il seulement
donner ces marchandises en gage, pour garantie au prêteur qui lui avance des fonds, qu'il endosse le warrant, au
nom de ce prêteur: c'est la seconde hypothèse. Cet endossement du warrant ne dépouille pas le déposant de son droit
de propriété, qu'il pourra toujours abdiquer en faveur
d'autrui, à la charge par le cessionnaire du récépissé de
respecter les droits acquis au porteur du warrant. En résumé, par suite des endossements successifs du récépissé
et du warrant séparément, le propriétaire de la marchandise change, en même temps que le créancier gagiste.

Ces changements se constatent de la manière suivante :
Au dos du récépissé, est écrite la formule du livrez à l'ordre de... Au dos du warrant : Bon pour transfert du pré-

[1] La Cour de Paris, 31 novembre 1862, a fait l'application de cette
théorie au cas de faillite. Si des récépissés de marchandises consignées dans un magasin général par le mandataire du propriétaire de ces marchandises, au nom même du mandataire, ont été
négociés par ce dernier, la faillite du propriétaire survenue même
avant la négociation ne peut être opposée au porteur, qui a reçu
les récépissés de bonne foi du mandataire qu'il croyait propriétaire des marchandises déposées

sent warrant, à l'ordre de..., pour garantie de la somme de..., payable le...

De ces idées générales sur le double titre que délivre le dock, il ressort cette conséquence que les warrants et les récépissés sont des effets de commerce. Comme plusieurs effets de commerce, ils sont l'un et l'autre endossables. Faut-il généraliser cette analogie avec les effets de commerce, et les assimiler, sous tous les points de vue, à ces derniers?

Remarquons-le bien : ce n'est pas là une pure question de théorie : la solution de ce problème entraîne des différences pratiques très-importantes. Pour en trouver des exemples, nous n'avons qu'à nous placer sous l'application de l'art. 446 du Code de commerce. Aux termes de l'article 446, « sont nuls et sans effet relativement à la masse, « lorsqu'ils auront été faits par le débiteur, depuis l'épo- « que déterminée par le tribunal, comme étant celle de la « cessation de ses paiements, ou dans les dix jours qui « auront précédé cette époque, tous paiements faits autre- « ment qu'en espèces ou effets de commerce. »

Si donc ces titres du magasin général sont, sous tous les rapports, des effets de commerce, le paiement effectué en cette valeur par un failli sera valable. Sinon, il tombera sous l'application de l'art. 446, et les créanciers seront admis à le critiquer. Écartons tout d'abord un point qui n'est pas douteux. Quant au warrant, aucune difficulté sérieuse ne peut s'élever.

Le warrant, en effet, est un instrument de crédit; il peut être défini une monnaie commerciale , susceptible d'être protesté et de donner lieu à des recours contre l'emprunteur et les endosseurs. N'est-ce pas là le caractère de tout effet de commerce ?

Mais on n'est pas d'accord, en ce qui concerne le récépissé.

Dans une première opinion, consacrée par un arrêt de la Cour de Paris, du 31 décembre 1862, on assimile le récépissé au warrant. Le grand argument qu'on invoque est celui-ci : le titulaire du récépissé étant le propriétaire des marchandises, (les mentions mêmes du titre le désignent ainsi), l'endossement que consent le déposant transfère la propriété. Et les partisans de cette doctrine en concluent qu'il y a ici un véritable effet de commerce.

Je ne crois pas que ce premier système doive être admis. On peut répondre à l'argument que puisent les partisans de la première opinion dans l'arrêt de la cour de Paris, par cette considération que tous les effets se transmettant par endossement ne sont pas effets de commerce. Le caractère essentiel du récépissé ne saurait donc pas être modifié par cette circonstance que ce titre est transmissible par endossement.

Or, ce caractère, il est parfaitement mis en relief dans un considérant d'un arrêt de la Cour de Lyon, du 27 février 1866 : « Pour prévenir les difficultés qu'entraîne la « délivrance d'un titre unique, pour deux opérations com-

« merciales parfaitement distinctes, la loi de 1858 a créé
« deux titres: l'un sous le nom de récépissé, l'autre sous
« celui de warrant. Le premier, véritable instrument de
« vente, est destiné à transférer la propriété des marchan-
« dises ; le second, instrument de crédit, ne confère qu'un
« droit de gage, entre les mains du prêteur. La remise du
« récépissé est donc un paiement en marchandises ;
« et non un paiement en effet de commerce. » Ces paroles
établissent bien la différence du warrant et du récépissé.
Et remarquons-le, l'opinion que nous adoptons est conforme à l'esprit de notre Code sur la faillite : ce qu'a voulu
le législateur, c'est frapper de nullité le plus grand nombre possible des actes consentis par un individu, dans
cette période où le crédit est déjà blessé à mort, s'il n'est
encore éteint tout à fait. J'ai dit plus haut que le récépissé, comme le warrant, était susceptible d'endossement
ensemble ou séparément. Ces deux cas doivent être soi-
gneusement distingués.

Première hypothèse. — Le warrant et le récépissé sont
endossés ensemble. Cette hypothèse ne nous arrêtera pas
longtemps. Car elle suppose la transmission du droit de
disposition et n'a pas trait au gage.

Une fois le récépissé et le warrant endossés au nom de
l'acheteur par le déposant devenu vendeur, il est loisible
à cet acheteur de transmettre lui-même à un second cessionnaire son droit de propriété, sans retirer du Dock les
marchandises. On se le rappelle : c'est même là une des uti-

lités que nous avons signalées de l'institution des magasins généraux: transmission de la propriété à plusieurs acheteurs, sans déplacement des objets vendus.

Deuxième hypothèse. — Il y a endossement séparé du récépissé et du warrant. Ici, nous avons plusieurs subdivisions à faire. Nous nous demanderons, un premier lieu, quelles sont les formes et les conditions de l'endossement distinct du récépissé et du warrant. Un second paragraphe sera consacré à l'extinction de la dette garantie par le nantissement; aux droits du porteur du warrant, et aux recours qu'il peut exercer. Enfin, en troisième lieu, nous nous occuperons de la réalisation du gage, ou de la vente des marchandises.

PREMIER PARAGRAPHE.

Formes et conditions de l'endossement distinct du récépissé, et du warrant.

Occupons-nous d'abord du récépissé endossé seul.

L'article 137 du Code de Commerce, s'occupant de la lettre de change, est ainsi conçu : « L'endossement est « daté. Il exprime la valeur fournie. Il énonce le nom de « celui à l'ordre de qui il est passé. » Faut-il appliquer cette disposition à l'endossement du récépissé ? Cette question offre un intérêt pratique considérable. Car, si nous admettons l'affirmative, nous devons dire alors, avec l'art. 138 du Code de com., que « tout endossement non « conforme aux dispositions de l'art. précédent n'opère « pas le transport, et n'est qu'une procuration. » C'est-à-dire, est nul à l'égard des tiers.

Reprenons successivement les différentes mentions contenues en l'art. 137.

L'endossement doit être daté.

L'indication de la date est utile, pour l'endossement du récépissé, aussi bien que pour celui d'une lettre de change. C'est seulement ainsi que l'on s'assurera si l'endossement est consenti par et à personne capable ; s'il n'est pas passé pendant le délai dans lequel les actes faits par un failli sont frappés de nullité.

L'endossement doit exprimer la valeur fournie.

Cela, vrai de la lettre de change, ne l'est plus du récépissé. En effet, l'endossement du récépissé, valant transmission de propriété, les tiers n'ont aucun intérêt à connaître le prix payé par le cessionnaire.

L'endossement doit énoncer le nom de celui à l'ordre de qui il est passé.

Cette énonciation est utile , elle permettra au magasinier de remettre au nouveau propriétaire la marchandise déposée.

Voilà pour la comparaison de la lettre de change avec le récépissé, en suivant l'art. 137. Ce n'est pas tout : nous avons à nous demander, en terminant, ce qu'il faut dire de la transcription. Sous l'empire du décret de 1848, la transcription était nécessaire ; elle ne l'est plus (depuis 1858). Son grand tort, qui fut la cause de sa suppression, était de divulguer aux concurrents du consignataire les opérations de ce dernier. Du reste, il y a aussi des raisons juriridiques qui doivent établir, en ce point, une différence avec le droit civil. En matière civile, l'enregistrement seul et quelques circonstances spéciales assurent la date certaine aux actes sous-seing privé ; en matière commerciale, au contraire, la date certaine est acquise par tous modes de preuve : les livres, la correspondance, les papiers, les registres, etc… Et puis, il s'agit ici d'une matière immobilière. Or, les ventes immobilières seules sont soumises à la formalité de la transcription. C'est donc à bon droit, juridiquement parlant, et pour répondre ainsi aux nécessités et aux exigences de la pratique commerciale, qu'a été supprimée la transcription du récépissé. Ne prenons pas cependant cela trop au pied de la lettre : si la transcription n'est pas une formalité essentielle, il est vrai de dire cependant que tout cessionnaire du récépissé peut l'exiger. Il le peut, parce qu'il a intérêt à cela ; en effet, si les marchandises sont vendues, sur la poursuite du créancier gagiste, et que le prix de vente dépasse le montant de la créance, c'est au porteur du récépissé que doit être adjugé l'excédant. Or, si le nom de ce porteur est connu, le Magasin Général lui remettra directement ce surplus auquel il a droit.

Nous avons vu quelles étaient les formes de l'endossement du récépissé.

Quant aux conséquences juridiques de cet endossement, nous n'avons rien à ajouter à ce que nous avons dit plus haut : la propriété passe au porteur du récépissé, pleine et entière, à la charge par lui de payer le montant de la créance garantie au porteur du warrant qui, lui, circule aussi de son côté.

Nous arrivons maintenant à l'endossement du warrant isolé et distinct.

Nous suivrons ici l'ordre que nous avons adopté, pour l'endossement du récépissé. Reprenons donc l'art. 137 du Code de commerce et ,voyons s'il s'applique au warrant de la même manière et avec la même étendue qu'au récépissé.

L'endossement est daté.

Nous n'avons qu'à renvoyer, sur ce 1er paragraphe de l'art. 137, à ce que nous avons dit, au sujet du récépissé. La date est nécessaire, pour les mêmes motifs. Mais comment rendre la date certaine? Faudra-t-il étendre l'art. 2074 C. civ., et exiger l'enregistrement, à peine de nullité? Quelques auteurs admettent cette doctrine; mais je préfère l'opinion de ceux qui appliquent ici, par analogie, l'art. 1328 du C. civ. : c'est-à-dire mettent sur la même ligne que l'enregistrement, la relation dans des actes publics, ou la mort d'un des signataires. Cette théorie est plus favorable au commerce, et me semble appuyée plus solidement que la première sur l'esprit du· législateur.

L'endòssement exprime la valeur fournie.

Cette mention que nous avons montrée inutile, quand il s'agit du récépissé, a, au contraire, sa raison d'être lorsque l'on s'occupe du warrant. L'endossement du warrant, en effet, l'assimile véritablement à un effet de commerce. Ajoutons même que la date de l'échéance de la dette, elle aussi, doit être inscrite : l'on saura ainsi à quel moment le porteur du warrant peut exiger le remboursement de sa créance ; et, à défaut de remboursement, exercer des poursuites. Faut-il, en outre, comme cela est exigé pour la lettre de change, que soit mentionnée l'espèce de valeur fournie? Je ne le crois pas. Car, ici, nous avons un texte spécial qui déroge à l'art. 137. Ce texte, c'est le second paragraphe de l'art. 5 de la loi de 1858, qui dit ceci : « l'endossement du warrant doit « énoncer le montant intégral, en capital et intérêts, de la « créance garantie. » Voilà tout : donc, nous ne pouvons pas exiger que l'espèce de valeur fournie soit mentionnée. Ce serait dépasser l'art. 5, qui est spécial et restrictif.

L'endossement énonce le nom de celui à l'ordre de qui il est passé.

Ce qui est vrai du récépissé l'est du warrant aussi. Ajoutons, avec l'art. 5 de la loi de 1858, que devront être indiqués aussi la profession et le domicile du créancier. Cela est utile au crédit : il faut que l'on sache exactement si des marchandises déposées dans des Docks ont été engagées, et à qui elles l'ont été.

En ce qui touche la transcription, la même question se représente que nous avons déjà examinée, quand nous nous sommes occupés de l'endossement du récépissé.

La transcription du warrant doit être opérée sur les registres du Magasin. La loi le répète, à trois reprises différentes : (art. 1er du décret de 1848. Art. 5, paragraphe 3, de la loi de 1858. Art. 16 du décret réglementaire de 1859). Cette transcription, au reste, importe, dans l'intérêt des tiers. Il faut que le cessionnaire du récépissé puisse vérifier le montant des sommes garanties par les marchandises, dont la propriété lui est transférée. La loi n'exige que la transcription du premier endossement. Il reste loisible cependant au porteur du récépissé ou du warrant d'exiger la transcription des endossements ultérieurs. Cela facilitera les rapports du propriétaire de la marchandise avec le créancier gagiste, si le premier voulait directement rembourser au second la somme que garantissent les marchandises vendues.

Nous en avons fini avec les formes de l'endossement du warrant seul. Passons maintenant au caractère même, aux conditions essentielles et fondamentales de cet endossement.

Nous l'avons dit : il y a dans cet endossement un véritable contrat de Gage, un nantissement, dans le sens de l'art. 2071 du Code civil.

Nous avons donc à rechercher si toutes les règles de droit commun sont ici applicables.

Nous examinerons trois questions principales, laissant de côté les points accessoires et secondaires.

Première question. — L'endossement même est-il indispensable ?

Je ne le crois pas. L'endossement du warrant est une faveur que justifient les exigences du commerce, que nécessite même la célérité que réclament les affaires industrielles. Mais, l'ordre public n'étant pas ici en jeu, il est de principe que l'on peut renoncer à une faveur de la loi. L'art. 136 du Code de commerce a eu pour seul but d'édicter un mode de paiement et de transfert de créance plus commode et plus expéditif. Mais l'art. 136 ne supprime pas le droit commun, et il reste parfaitement permis au propriétaire d'engager ses marchandises par toute autre voie que l'endossement.

Deuxième question. — L'art. 2071 du Code civil définit le nantissement « un contrat par lequel le débiteur remet « une chose à son créancier, pour sûreté de la dette. » Le verbe remettre exprime le double phénomène qui se produit dans tout contrat de nantissement : dessaisine du débiteur, et saisine du créancier. Cela est de l'essence de ce contrat : nous retrouvons le dessaisissement fictif, mais suffisant, dans la défense faite au débiteur de disposer du gage, au mépris du créancier. Nous retrouvons la saisine réelle et effective dans la remise au créancier, du warrant endossé.

Troisième question. — L'art. 2074 du Code civil exige, « en matière excédant la valeur de cent cinquante francs, « un acte public ou sous-seing privé, dûment enregistré, « contenant la déclaration de la somme due, ainsi que « l'espèce et la nature des choses remises en gage, ou un « état annexé de leurs qualités, poids et mesure.»

A côté de ce texte de droit commun, citons le texte spécial. C'est l'art. 4 de la loi de 1858 : « l'endossement du « warrant séparé du récépissé vaut nantissement de la « marchandise, au profit du cessionnaire du warrant.»

Ainsi, le warrant endossé, voilà le texte légal du gage. Cette formalité de l'endossement est nécessaire ; mais elle est suffisante.

Faut-il étendre cette décision à tous autres effets de commerce ? La question est controversée. Les partisans de l'affirmative, c'est-à-dire de l'opinion qui écarte l'art. 2074 du Code Civil, me semblent plus fondés en droit. Et voici, en effet, le raisonnement bien simple que l'on peut faire pour réfuter la doctrine de la négative. L'art. 2074 n'est pas le seul. Il faut le compléter par l'art. 2084. Or que dit l'art. 2084 ? « Que les dis· « positions ci-dessus, (et l'art. 2074 est du nombre de « de ces dispositions,) ne sont applicables, ni aux maisons « de commerce, ni aux maisons de prêts sur gage auto- « risées, et à l'égard desquelles on suit les lois et régle-

« ments qui les concernent. » Si l'article 2074 n'est pas applicable, c'est dans un texte spécial que nous devons chercher la solution de la question. Ce texte, il existe : c'est l'article 95 du Code de Commerce. Cet article, combiné avec l'art. 92 auquel il renvoie, met comme condition au privilége du commissionnaire, la consignation dans le lieu de son domicile des marchandises vendues ou voiturées. Voilà le texte qu'il faut appliquer aux effets de commerce, autres que le warrant, pour lequel nous avons la disposition spéciale de l'art. 5 de la loi de 1858.

DEUXIÈME PARAGRAPHE

Extinction de la dette garantie par le nantissement.

Droits du porteur du warrant.
Recours qu'il peut exercer.

Nous touchons aux points les plus importants et les plus délicats de notre sujet. Nous avons vu le contrat formé entre le déposant et le Magasin Général, entre le déposant et un tiers acheteur, entre le déposant et un tiers créancier gagiste. Voyons maintenant comment on arrive à la réalisation du gage : étudions le paiement volontaire, et le paiement forcé.

PREMIÈRE PARTIE

PAIEMENT VOLONTAIRE

Des subdivisions sont ici nécessaires.

PREMIER POINT. — *Paiement volontaire à l'échéance.*

L'échéance est d'ordinaire à 90 jours. Mais ce terme peut être renouvelé, et dans la pratique il est souvent renouvelé. En payant, le débiteur doit avoir grand soin d'examiner le titre et de vérifier si les endossements se suivent régulièrement. Il doit se faire remettre le titre même acquitté. De cette manière le débiteur est assuré que le paiement est fait au véritable porteur du warrant, et en prenant ces précautions, il n'est pas exposé à payer deux fois.

DEUXIÈME POINT. — *Paiement anticipé.*

Et d'abord, le paiement anticipé est-il possible ? L'article 6 de la loi de 1858 ne laisse aucun doute à cet égard. Oui, le paiement anticipé est possible ; mais certaines conditions sont exigées, et certaines distinctions doivent être faites.

Commençons par constater que l'art. 6 de la loi de 1858 concilie parfaitement l'intérêt du débiteur et l'intérêt du créancier. Et cela devait être ainsi : en effet, si le débiteur doit être soucieux de libérer le plus vite possible ses marchandises engagées, il ne faut pas oublier d'un autre côté que le créancier va se trouver privé de l'avantage d'un placement peut-être fort commode sur lequel il avait droit de compter. Aussi l'art. 6 impose-t-il au débiteur certaines conditions. Ces conditions sont différentes, suivant que le porteur actuel du warrant est connu ou ne l'est pas.

Et d'abord, le porteur actuel du warrant est connu. L'art. 6 de la loi de 1857, reproduisant en cela le décret de 1848, pose seulement le principe : « Le porteur du « récépissé séparé du warrant peut, même avant l'é- « chéance, payer la creance garantie par le warrant. » Développons cette règle. Oui, le paiement anticipé est possible, mais il faut que le débiteur tienne compte au créancier des intérêts à courir, du jour du paiement au jour de l'échéance, sauf une bonification de dix jours acquise au créancier. Cette restriction à la faculté que l'art. 6 donne au débiteur, est fondée sur l'équité : le créancier privé du bénéfice du terme doit jouir d'une certaine compensation. Le système contraire avait d'abord été proposé ; mais il fut rejeté par ce motif qu'il aurait nui au commerce qu'avait pour but de favoriser la création des Docks, en rendant les prêts plus rares et plus difficiles.

Supposons maintenant que le porteur du warrant est inconnu, ou (ce qui rentre encore dans cette seconde hypothèse),qu'il n'est pas d'accord avec le débiteur sur les conditions d'anticipation de paiement. Voici, dans ce cas, ce qu'édicte la loi (art. 6 *in fine*): « La somme due, y compris « les intérêts jusqu'à l'échéance, est consignée à l'admi- « nistration du Magasin général, qui en demeure respon- « sable, et cette consignation libère la marchandise. »

Cette disposition est nouvelle. Avant 1858, le dépôt avait lieu à la Caisse des Dépôts et consignations. Ce mode d'opérer entraînait trop de lenteurs et trop de frais. Voilà pourquoi a été écrit l'article 6, qui répond davantage aux exigences du commerce. On comprend avec l'article 6 l'utilité du registre à souche, destiné à constater les consignations, qu'aux termes de l'art. 19 du décret réglementaire de 1859, l'administration du Magasin général est obligée de tenir. Cette consignation libérant la marchandise, dit l'art. 6, la vente ou le retrait peut en être opéré en toute liberté. Que si le porteur du warrant consentait à recevoir la somme consignée avant le terme fixé pour l'échéance, il interviendrait un réglement de compte entre le prêteur et l'emprunteur : les intérêts exigibles à ce moment étant attribués au créancier, et ceux non encore courus étant restitués à celui qui les a consignés. On doit l'avouer, ce mode d'opérer à bien ses inconvénients. Ainsi, le porteur du warrant va trouver un avantage à ne pas s'accorder avec le débiteur. Car il fera perdre alors à ce dernier l'excédant d'intérêts. Mais il faut dire aussi que le porteur du warrant n'étant pas tenu de se faire connaître, ou ne peut pas, ou ne doit pas lui faire subir une perte que ne justifierait pas un silence qui ne lui est pas imposé.

TROISIÈME POINT. — *Paiement avec subrogation.*

Après s'être occupés des règles du paiement en géné.., les rédacteurs du Code civil nous exposent la théorie du paiement avec subrogation. Cette modification du paiement peut trouver place dans notre sujet. Mais le nom qui lui conviendrait mieux serait plutôt celui de cession de créance, ou de novation. Voici cependant une espèce qui nous présente parfaitement la subrogation.

Il s'agit tout simplement de supposer ceci : le souscripteur primitif du warrant, après avoir mis en circulation son récépissé, paie le porteur du warrant à l'échéance ; la loi lui accorde alors subrogation dans le privilége du créancier gagiste, et l'autorise à faire procéder à la vente de la marchandise, contre le porteur du récépissé.

QUATRIÈME POINT. — *Novation.*

L'art. 1271 du Code civil nous montre la novation sous trois aspects : changement de créancier, changement de débiteur, substitution d'une chose nouvelle à une chose ancienne.

Ces trois modes de novation sont possibles, appliqués au warrant. Mais la novation mutata re nous arrêtera seule, parce que c'est la seule qui soit pratique. Cette substitution d'un warrant nouveau au warrant ancien prend le nom de renouvellement. Comment donc se traduit dans les faits ce renouvellement? Le débiteur et le créancier se présentent l'un et l'autre au magasin général. Devant eux, et de leur consentement mutuel, le magasinier détruit l'ancien warrant; et délivre au créancier qui ne change pas, le débiteur qui reste aussi le même y donnant son adhésion, un warrant en blanc qu'il remplit, en indiquant la cause et le montant de la nouvelle créance. Cette présence simultanée des deux parties intéressées est la meilleure garantie qu'aucune fraude ne sera commise.

CINQUIÈME POINT. — *Remise de la dette.*

Nous suivons toujours l'ordre du Code civil. Après la novation, le Code civil s'occupe de la remise de la dette. Nous devons appliquer au warrant la décision de l'art. 1287, en ce qui concerne l'effet de la remise. Est-elle faite au débiteur, tous les endosseurs sont libérés : l'obligé principal ayant disparu, il ne peut plus y avoir d'obligés accessoires. Est-ce à l'un des endosseurs, le souscripteur et les endosseurs qui précèdent cet endosseur favorisé restent tenus ; ceux qui le suivent sont libérés, parce que tout recours contre eux est devenu impossible. Voilà pour le fonds du droit : disons maintenant un mot de la preuve de ce mode d'extinction. Si nous ne consultions que le droit commun de l'art. 1282 du Code civil, nous devrions dire que la remise du warrant non acquitté fait preuve de la libération ; mais nous avons ici un texte spécial, l'art. 145 du Code de commerce, lequel est ainsi conçu : « Celui qui « paie une lettre de change à son échéance et sans oppo- « sition, est présumé valablement libéré. » Ce qui veut dire que la remise seule de la lettre de change ne prouve pas la libération. C'est cette disposition, et non l'art. 1282 du Code civil, que nous devons appliquer, parce que le warrant a plus d'analogie avec la lettre de change qu'avec toute dette civile, et que dès lors il doit être régi par les principes du droit commercial.

SIXIÈME POINT. — Compensation.

Nous avons peu de chose à dire de la compensation de la créance garantie avec toute obligation dont serait tenu le porteur du warrant envers le souscripteur. Les régles du droit civil sont applicables ici : la compensation a lieu de plein droit ; remarquons seulement que le débiteur ne peut opposer la compensation au porteur que pour les sommes qu'il lui doit personnellement, et non pour celles que pourraient lui devoir les cédants du porteur.

Septième point. — *Confusion.*

Il y a confusion, dans notre matière, lorsque le débiteur devient héritier du porteur du warrant, ou que le porteur devient héritier du débiteur. La confusion a alors un effet absolu : le souscripteur et tous les endosseurs sont libérés.

Mais si la confusion s'opère entre le débiteur et l'un des endosseurs, les endosseurs postérieurs à celui qui bénéficie de la confusion sont seuls libérés, parce que tout recours contre eux est devenu impossible ; les endosseurs antérieurs restent tenus. Ce sont là des applications des articles 1300 et 1301 du Code civil.

Huitième point. — *Perte de la chose due.*

Nous comprendrons, sous ce paragraphe, la perte de la marchandise, et la perte du titre qui constate le dépôt de cette marchandise.

Je suppose d'abord que la marchandise même ait péri : c'est par exemple un incendie qui a réduit en cendres les magasins de dépôt. Ce cas fortuit va-t-il nuire au créancier ? En aucune façon : les indemnités d'assurance remplaceront pour lui le prix de la chose. Mais sur ce point la législation a varié : sous l'empire du décret de 1848, le propriétaire débiteur était obligé de faire assurer sa marchandise ; c'était là une condition essentielle que mettait le magasin général à l'admission de cette marchandise. Depuis 1858, toute latitude est laissée au débiteur qui peut ou non faire assurer sa marchandise. S'il l'a fait assurer, l'art. 10 de la loi de 1858 donne « au porteur du warrant « sur les indemnités d'assurance dues en cas de si- « nistres, les mêmes droits et priviléges que sur la mar- « chandise assurée. » Ainsi, il s'opère une sorte de subro- gation : Les indemnités d'assurance prennent la place des marchandises, et l'intérêt du créancier se trouve sauve- gardé.

Je passe maintenant au cas de la perte du titre même, récépissé ou warrant. Est-ce le récépissé qui est perdu, le porteur obtient un duplicata ; est-ce le warrant, il obtient le paiement de sa créance. L'art. 152 du Code de com- merce le dit de la lettre de change. Cette disposition a passé dans la loi de 1858, dont l'art. 12 est ainsi conçu : « Celui qui a perdu un récépissé ou un warrant peut de- « mander et obtenir par ordonnance du juge, en justifiant « de sa propriété et en donnant caution, un duplicata s'il « s'agit du récépissé, le paiement de la créance garantie « s'il s'agit du warrant. » On le voit : c'est l'art. 152 du Code de commerce, mais ce n'est pas tout l'art. 152. En effet, celui-ci admet les livres du commerçant comme seule preuve de justification de la propriété. Le projet de la loi de 1858 reproduisait cette exigence ; mais on n'y fit pas droit, parce qu'elle portait brèche au principe de l'ar- ticle 109 du Code de commerce qui admet tout mode de preuve. Tout pouvoir appréciateur appartient donc au président du tribunal de commerce. L'utilité des conditions imposées par l'art. 12 de la loi de 1858 au porteur du récépissé ou du warrant se conçoit aisément : il fallait empêcherqu'un individu prétendit faussement avoir perdu le titre constatant son droit, et causât un préjudice aux tiers, en négociant un titre frauduleusement obtenu. Les formalités de l'art. 12 parent à tous ces dangers.

Neuvième point. — *Prescription.*

La prescription est mentionnée dans l'art. 1234 du Code civil comme un mode d'extinction des obligations. Elle est applicable aussi à notre sujet. Mais quelle va être cette prescription? la question est très-débattue : nous sommes en présence de deux textes entre lesquels il s'agit de choisir. L'art. 2262 du Code civil applique à toutes les actions tant réelles que personnelles la prescription de trente ans, et l'art. 189 du Code de commerce décide que les actions relatives aux lettres de change et aux billets à ordre qui ont une cause commerciale se prescrivent par cinq ans. Faut-il appliquer au warrant la prescription trentenaire du droit civil, ou la prescription quinquennale du droit commercial ?

Un premier système étend au warrant les termes de l'art. 2262 du Code civil, et voici comment raisonnent les partisans de cette doctrine : l'art. 2262 est le droit commun, la prescription trentenaire. L'art. 189 du Code de commerce déroge au principe ; mais seulement pour les lettres de change et les billets à ordre commerciaux. En dehors de cette dérogation que nous ne pouvons pas étendre, parce que les exceptions sont d'interprétation stricte, nous restons sous l'empire du droit commun. Donc, il faut appliquer au warrant la prescription de trente ans.

Un second système, que je crois mieux fondé, étend à notre cas l'art. 189. Les auteurs qui soutiennent cette opinion ne portent pas brèche au principe que les exceptions ne doivent pas dépasser les termes dans lesquels elles sont édictées ; mais ils prétendent à bon droit que le warrant, touchant par tous ses côtés à un effet de commerce, (nous avons vu qu'il est endossable, qu'il s'acquiert et s'éteint comme tout effet de commerce), doit être compris dans l'art. 189 qui parle de la lettre de change et du billet à ordre. Comme eux donc, il doit être soumis à la prescription quinquennale. L'intérêt du commerce même commande cette décision : ce délai au reste n'est-il pas suffisant, et son expiration n'est-elle pas la très-raisonnable présomption du paiement ? Ce qu'il faut éviter avant tout, c'est de laisser les commerçants sous le coup de prescriptions trop longues qui seraient la ruine du crédit, et entraveraient toutes les affaires.

Voilà pour la prescription en elle-même, quant à sa durée. En ce qui concerne son point de départ, nous nous écartons de l'art. 189 du Code de commerce. Ce n'est pas

du jour du protêt, comme le dit cet article, c'est du jour
où la vente de la marchandise a été réalisée, que court la
prescription. Car c'est de ce jour-là seulement que le recours est possible Or, la prescription de toute action,
(cette règle est aussi vraie en droit commercial qu'en
droit civil), ne prend son point de départ qu'à la date du
jour où on a le droit d'intenter cette action. Ce jour sera
celui des dernières poursuites, s'il n'y a eu condamna-
tion, ou si la dette n'a été reconnue par acte séparé. C'est
ce que dit l'art. 189 lui-même. Dans son dernier paragraphe l'art. 189 porte : « Néanmoins les prétendus débiteurs
« seront tenus, s'ils en sont requis, d'affirmer, sous ser-
« ment, qu'ils ne sont plus redevables; et leurs veuves,
« héritiers ou ayant cause, qu'ils estiment de bonne foi
« qu'il n'est plus rien dû. » Cette disposition n'est que la
consécration du droit commun de l'art. 2275 du Code civil. Nous n'avons aucune raison pour nous en écarter. En
effet, la prescription de cinq ans repose sur une présomption de paiement. Or, la prescription du warrant elle-
même est une prescription quinquennale ; et l'art. 2275
du Code civil est applicable à toute prescription de cinq
ans.

DEUXIÈME PARTIE

PAIEMENT FORCÉ.

Si aucune des causes d'extinction de la dette que nous venons d'énumérer ne s'est produite, et que le porteur du warrant veuille obtenir le remboursement de sa créance arrivée à échéance, les poursuites judiciaires, ou le protêt, lui ouvriront cette voie.

Nous diviserons en trois points cette matière du paiement forcé.

PREMIER POINT. — *Du protêt.*

L'art. 7 de la loi de 1858 pose le principe : « A défaut « de paiement à l'échéance, le porteur du warrant séparé « du récépissé peut, huit jours après le protêt, et sans au- « cune formalité de justice, faire procéder à la vente « publique aux enchères et en gros de la marchandise « engagée. »

La loi de 1858 ne contient sur ce protêt que mentionne l'art. 7 aucun détail. Force nous est d'appliquer au warrant les dispositions de la loi commerciale sur la lettre de change. Lisons donc l'art. 162 du Code de commerce en

ajoutant le warrant à la lettre de change : « Le refus de
« paiement, (lettre de change ou warrant), doit être cons-
« taté le lendemain du jour de l'échéance, par un acte
« que l'on nomme protêt faute de paiement. Si ce jour est
« un jour férié légal, le protêt est fait le jour suivant. »
Cette disposition est la sanction, le corollaire de l'article
précédent, l'art. 161 qui dit ceci : « Le porteur d'une
« lettre de change doit en exiger le paiement le jour de
« son échéance. »

Dans les faits voici comment se traduisent ces dispositions légales : l'officier ministériel, notaire ou huissier, se
présente chez le débiteur, au nom du créancier. Il réclame au débiteur le remboursement du prêt, ou le paiement de la créance : le débiteur refuse ce paiement. Alors,
intervient un protêt, ou acte de sommation qui contient la
copie littérale du warrant. On peut dire dès lors que l'action du prêteur contre l'emprunteur passe à l'état de
guerre. Il est possible que plusieurs warrants soient en
circulation : dans cette hypothèse, le porteur du dernier
warrant peut poursuivre, même si celui au nom duquel
est endossé le premier, ne réclame pas le paiement de sa
créance : il poursuit et fait vendre la marchandise, en
ayant soin de payer au premier porteur, sur le prix de
vente, le montant de sa créance.

DEUXIÈME POINT. — *Recours du porteur du warrant
contre le débiteur et les endosseurs.*

Le souscripteur du warrant est le principal obligé ; c'est
donc lui le premier que doit assigner le créancier gagiste,
de même que la caution n'est poursuivie que lorsqu'il y a
eu discussion du débiteur. La vente a-t-elle produit un
prix supérieur ou au moins égal au chiffre de la
créance, la dette est éteinte entièrement, et aucun recours n'est nécessaire au créancier. Pour supposer qu'il y
a lieu à des recours, il faut se placer dans l'hypothèse où
le paiement intégral n'a pas été effectué. Le créancier
peut alors mettre en cause les débiteurs secondaires, cautions, qui sont les endosseurs, et leur réclamer ce qui ne
lui a pas été payé.

Pour les délais auxquels sont soumis ces recours, nous
n'avons qu'à renvoyer aux art. 165 et suivants du Code de
commerce ; en faisant remarquer, (observation que nous
avons déjà faite, lorsque nous avons étudié la prescription
du warrant), que le point de départ est ici le jour où la
vente de la marchandise est réalisée, et non le jour du
protêt, comme le veut l'art. 165 du Code de commerce. La
sanction de ces dispositions de la loi consiste dans la déchéance de son droit de recours prononcée contre le porteur du warrant qui n'a pas fait procéder à la vente dans
le mois qui suit la date du protêt. Ce terme d'un mois est

bien suffisant, et un plus long délai eût eu ce très grave inconvénient d'éterniser le droit de recours contre les endosseurs, dont le crédit se serait trouvé trop ébranlé par la prorogation de temps accordé au porteur du warrant.

L'art. 9 de la loi de 1858, qui renvoie aux articles 165 et suivants du Code de commerce, ne s'occupe des délais qu'en ce qui concerne le porteur du warrant contre les endosseurs. Que décider, relativement à l'emprunteur lui-même? Je crois que celui-ci serait mal venu à opposer la déchéance, et la différence qui sépare l'emprunteur des endosseurs, se fonde sur cette règle éminemment juste et qui a été formulée ainsi par les jurisconsultes Romains : il faut préférer celui qui certat de damno vitando, à celui qui certat de lucro captando. L'emprunteur ne peut se prévaloir de la déchéance, parce que cette déchéance l'enrichirait, puisqu'il aurait en définitive donné pour sûreté des marchandises d'une valeur inférieure au montant de la somme qu'il se serait procurée. Les endosseurs, au contraire, eux ont fourni la valeur qu'il représente à celui qui a passé le titre en leur nom. Cette différence entre celui qui combat dans le but d'éviter un dommage, et celui qui cherche à réaliser un gain, explique l'extension que l'on fait à notre matière de l'art. 170 du Code de Commerce ; l'emprunteur, à l'égal du tireur de la lettre de change, doit justifier d'une provision suffisante, c'est-à-dire, prouver que la valeur de la marchandise représente le montant de la créance augmen-

tée du montant des frais et droits, et que par conséquent
le porteur négligent du warrant n'aurait plus de recours
que sur la marchandise, et contre le magasin responsable des détériorations provenues dans ses entrepôts.

Nous avons dit plus haut que la date du délai courait du
jour de la vente. Si cette disposition de l'art. 9 de la loi de
1858 était seule, il faut avouer qu'elle serait bien contraire
au but que s'est proposé le législateur, et qui est d'affranchir les endossenrs de recours trop prolongés. En effet, il
va suffire au porteur du warrant de différer éternellement
la vente, pour se ménager contre les endosseurs des poursuites auxquelles ils ne pourront échapper que très tard.
Mais l'art 9 de la loi de 1858 contient un paragraphe 3 qui
porte ceci : « Le porteur du warrant perd en tous cas son
« recours contre les endosseurs, s'il n'a pas fait procéder
« à la vente dans le mois qui suit la date du protêt. » Ainsi
le délai est de un mois. Sans doute, le porteur du warrant
peut prolonger ce délai ; mais il ne le peut que du consentement des endosseurs, et ce consentement ils le lui don-
neront s'ils pensent que la marchandise, à une époque
postérieure, atteindra un prix de vente plus élevé.

L'endosseur qui a payé est subrogé légalement dans les
droits du porteur, et peut exercer son recours contre les
autres endosseurs et le débiteur lui-même ; car c'est en
définitive sa dette qu'il a acquittée. Mais alors, prenant
la place du porteur, il ne peut procéder aux poursuites que
dans les mêmes formes et les mêmes délais que le porteur

lui-même. Le point de départ de ce délai sera le lendemain du jour de la citation donnée en justice par le porteur ; si le paiement est volontaire, ce sera le jour du remboursement. Une jurisprudence constante consacre ce système que certains auteurs repoussent, en prétendant que le point de départ est le jour du protêt, et que l'endosseur doit avoir autant de délais qu'il y a d'endosseurs qui le précèdent. Il faut avouer que, si ce système parait plus juridique au premier abord, il présente ce grave inconvénient de multiplier et de perpétuer indéfiniment lesrecours d'endosseur à endosseur. Je crois donc que la célérité commerciale command   décision opposée qui a du reste pour elle un très grand   nbre d'arrêts.

Troisième point. — *Droits de rétention et de privilège, une fois la vente opérée, assurés au porteur du warrant.*

Supposons la vente réalisée (nous verrons plus tard quelles en sont les formes), et cherchons les droits qui en découlent pour le porteur du warrant. Ces droits, ce sont la rétention à l'encontre du débiteur et des tiers, et le privilège au regard des tiers. En quoi consiste le droit de rétention? Cette question ne nous arrêtera pas longtemps. Lorsque le débiteur ou le porteur du récépissé ont fait vendre les marchandises, le créancier s'oppose à leur sortie du magasin, tant qu'il n'est pas intégralement remboursé.

Le droit de privilége exige quelques développements. Le créancier gagiste jouit d'un privilége qui prend sa source dans le Nantissement. Ce principe est hors de doute ; mais des difficultés pouvaient s'élever, en ce qui concerne le rang en cas de concours, d'autres créanciers avec le porteur du warrant. Le législateur de 1858 l'a bien compris ; aussi, pour couper court à tout procès, a-t-il édicté un article 8, dont les termes sont nets et formels :
« Le créancier est payé de sa créance sur le prix, direc-
« tement et sans formalité de justice, par privilége et pré-
« férence à tous créanciers, sans autre déduction que
« celle, 1° des contributions indirectes, des taxes d'octroi
« et des droits de douane dûs par la marchandise; 2° des
« frais de vente, de magasinage et autres frais pour la
« conservation de la chose. » Voilà qui est clair et simple, et l'on peut regretter que les rédacteurs du Code civil n'aient pas usé de termes aussi précis, lorsqu'ils ont exposé la théorie du privilége fondé sur le gage : cela eût évité bien des controverses, et ne se seraient pas élevées toutes ces questions de priorité ou d'infériorité de rang, suivant que le créancier gagiste se trouve en concours avec un vendeur, ou avec un créateur ou conservateur, ou avec un bailleur ou locateur. Il résulte donc, d'une manière bien évidente, du premier alinéa de l'art. 8 et de la loi de 1858, complété et développé par l'art. 17 du décret réglementaire de 1859, que le privilége du créancier ga-giste, sauf la double exception contenue en l'article 8, es

préférable et antérieur à tous autres. Et ajoutons tout de suite, ce qui prouve de combien de sollicitude le législateur a entouré le droit de préférence du porteur du warrant, que ces priviléges qui le priment sont des priviléges spéciaux. Ainsi, la régie ne les exercera que pour les droits dûs par ces marchandises, et non pour ceux dûs par d'autres marchandises. Avec cette limitation et cette réserve, l'intérêt du créancier gagiste se trouve pleinement sauvegardé.

Nous disions tout à l'heure que l'art 8 de la loi de 1858 avait trouvé son développement et son explication dans l'art. 17 du décret de 1859. Cet art. 17 porte : « A toute « époque, l'admistration du magasin général est tenue, « sur la demande du porteur du récépissé ou du warrant, « de liquider les dettes et les frais énumérés à l'article 8 « de la loi du 28 mai 1858, sur les négociations de « marchandises, et dont le privilége prime celui de la « créance garantie sur le warrant. Le bordereau de liqui- « dation délivré par l'administration du magasin général « relate les numéros du récépissé et du warrant auxquels « il se réfère. » Le bordereau va donc apprendre au prê- teur les sommes qui primeront sa créance, et qui ont privilége supérieur au sien sur le prix de vente des marchandises. La disposition de l'art. 8 de la loi de 1858, nous le répétons, est essentiellement favorable au commerce ; malheureusement, elle ne s'applique formellement qu'au warrant ; et comme nous sommes des interprètes de la loi et non des législateurs, nous ne pouvons étendre ce texte exceptionnel et restrictif déjà au delà de ses termes. Seulement, il nous est permis d'émettre le vœu que la règle spéciale devienne bientôt le droit commun. Plus en effet on entourera de garanties le privilége du créancier gagiste, et plus seront facilités les prêts qui amènent à l'industrie les capitaux souvent trop rares.

Nous devons ajouter à ce que nous avons dit ci-dessus du privilége du créancier gagiste, que si le prix de la vente produit une somme supérieure au montant du prêt, cet excédant est remis au porteur du récépissé ; ou au débiteur lui-même, s'il n'a pas donné sa marchandise en gage Si le porteur du warrant ne se présente pas, il y a consignation du surplus du prix à l'administration du magasin général, de la même manière que quand il s'agit du remboursement anticipé offert au créancier par le porteur du récépissé. — La vente de marchandises déposées dans un magasin général peut être faite, sur réquisition du porteur du récépissé, a dit la Cour de Paris le 22 décembre 1863, afin de payer les porteurs de warrants auxquels la marchandise déposée sert de garantie, et de délivrer au requérant le reste du prix.

TROISIÈME PARAGRAPHE

Réalisation du gage, ou vente publique des marchandises.

Étudier le privilége du créancier gagiste sur le prix, c'est supposer la vente opérée. C'est ce que nous avons fait dans le paragraphe précédent : il nous reste à examiner les formes principales des ventes publiques des marchandises en gros. Les ventes publiques ont une importance que consacre depuis longtemps en Angleterre une pratique constante : elles attirent les étrangers, développent la marine marchande, augmentent les revenus de l'État, en accroissant la prospérité de son industrie. Nous ne sommes pas depuis très longtemps en possession des ventes publiques : les formes lentes et coûteuses auxquelles elles étaient d'abord assujetties ne les rendaient pas d'un usage très-fréquent ; il en résultait que a marchandise était, si je puis ainsi parler, en quelque sorte immobilisée. Des ordonnances rendues sur les douanes, sur les bourses, cherchèrent à dégager de ces complications les ventes publiques des marchandises. Mais ces dispositions législatives ne réglaient que des points tout spéciaux, et on ne pouvait en faire sortir des principes généraux. Enfin, toujours sous l'influence des idées anglaises, la loi de 1858 vint faciliter ces ventes, en diminuant les frais, supprimant les lenteurs, et simplifiant les formes. Elle donne ainsi satisfaction aux vœux de réformes qu'émettaient les petits commerçants que l'ancien régime ruinait, en favorisant les ventes en gros, à l'exclusion et au détriment des ventes en détail.

Une des grandes innovations de la loi de 1858, c'est la suppression de l'autorisation du président du tribunal de commerce. Cela n'a pas passé sans difficulté, et quelques personnes voyaient là la négation d'un des caractères essentiels et fondamentaux du contrat de nantissement lui-même.

Que nous dit, en effet, l'article 2078, qui n'est pas un article de formes, mais un article de principe et de théorie ? « Le créancier ne peut, à défaut de paiement, dis-« poser du gage ; sauf à lui à faire ordonner en justice « que ce gage lui demeurera en paiement et jusqu'à due « concurrence, d'après une estimation faite par experts, « ou qu'il sera vendu aux enchères. » C'est cette disposition que l'on hésita si longtemps à supprimer. Enfin, l'art. 1er de la loi de 1858 fit taire ces scrupules exagérés d'interprètes trop timorés de la loi ; et cela, à mon sens, avec toute raison et pour le plus grand avantage du commerce. On peut même aller jusqu'a regretter que l'art. 1er de la loi de 1858 s'arrête là, et à souhaiter qu'une disposition générale fasse participer bientôt tous les autres prêts que ceux faits sur warrants à cette faveur de la loi de 1858.

Il est bien entendu que le second alinéa de l'art. 2078 du Code civil lui, reste debout et intact. Il est ainsi conçu : « Toute clause qui autoriserait le créancier à s'approprier « le gage, ou à en disposer sans les formalités ci-dessus, « est nulle. » Ce second paragraphe de l'art. 2078 subsiste, parce qu'aucun texte de la loi de 1858 n'est venu l'abroger. Mais une pratique qui fait presque loi aboutit à la violation quotidienne de l'art. 2078 du Code civil, 2ᵉ alinéa. Voici ce qui se passe en effet : le débiteur endosse le récépissé au profit du porteur du warrant. Alors, en cas de non paiement à l'échéance, le porteur du warrant n'a pas besoin de faire vendre, puisque l'endossement du récépissé lui donne le droit de disposer. De cette façon, le prêt sur warrant se trouve converti en vente.

Sous le nouveau système de la loi de 1858, les courtiers remplacent les commissaires priseurs : ils sont assujettis à un tarif peu élevé et qu'il leur est interdit de dépasser. (Art. 2 et 3 de la loi de 1858 ; art. 24 et 26 du décret réglementaire de 1859).

La loi de 1858 ne prévoit pas toutes les ventes publiques; mais celles seulement volontairement consenties, ou opérées après protêt. Toutes autres ventes judiciaires ne tombent pas sous l'application des articles de la loi de 1858. Les heureux résultats qu'a déjà produits la loi de 1858 font espérer que le législateur comprendra la nécessité qu'il y a de mettre sur le même pied toutes les ventes de marchandises aux enchères publiques.

Un tableau annexé à la loi de 1858 fait l'énumération des marchandises exotiques et indigènes qui peuvent jouir des priviléges de cette loi de 1858.

APPENDICE ET RÉSUMÉ

Nous avons toujours supposé jusqu'ici un créancier et un débiteur seulement en présence. Le rôle des warrants est plus général encore, et son utilité se manifeste d'une façon si étendue que l'on peut presque assimiler le warrant à un véritable billet de banque. Tant sa confiance s'impose en quelque sorte ! Voilà pourquoi on peut le présenter à la Banque de France, aux Comptoirs d'Escompte et Sous-Comptoirs de garantie. Nous étudierons plus tard le rôle que jouent, quant au nantissement et aux avances sur valeurs déposées, ces grandes institutions de crédit. Contentons-nous de mentionner pour le moment que la Banque de France reçoit les warrants revêtus de deux signatures, et que les Comptoirs se contentent même d'une seule signature. Quant au montant de la somme que peuvent prêter ces établissements sur les warrants, cela est laissé à leur seule et entière appréciation. D'ordinaire, la Banque avance 75 0/0. Quant au taux de l'escompte, il est essentiellement variable.

Nous en avons fini avec ces établissements de création

récente encore, mais entrés déjà si profondément dans notre pratique commerciale, auxquels on a donné le nom de Docks ou Magasins Généraux. Nous avons vu avec quelques développements (et l'intérêt de cette étude se comprend aisément), la manière dont se formait le contrat, les garanties assurées au créancier gagiste, les modes d'extinction et de réalisation du nantissement. Nous avons montré les warrants fonctionnant à l'égal de l'effet de commerce le mieux accrédité. Dans les faits, voici comment cela se traduit : en faisant un large emploi des warrants, le commerçant et l'industriel peuvent payer leurs ouvriers plus cher, et vendre leurs marchandises à un prix moins élevé. N'est-ce pas là la double condition de l'augmentation du bien-être de la classe pauvre, et de l'écoulement des produits ? De jour en jour, nous en avons la confiance (car le passé nous répond de l'avenir), l'institution des Magasins généraux se développera davantage. L'Angleterre n'aura plus à elle seule le monopole de la préséance commerciale. La France aussi verra sa grandeur industrielle augmenter. Le gage des marchandises sera l'attraction de capitaux qui accroîtront la prospérité du commerce, et dont l'agriculture qui en est trop privée depuis si longtemps aura aussi sa part.

BANQUE DE FRANCE

Comme les Magasins Généraux, et antérieurement à leur création, les Banques ont toujours été le principe vivifiant du travail, et l'un des plus salutaires agents de l'industrie et du commerce. Il est donc intéressant d'étudier leurs diverses fonctions. Pour ne pas sortir de notre sujet, nous n'avons qu'à nous occuper, à propos de la Banque de France, de ce qui concerne les Dépôts engagés. C'est le seul point où l'on rencontre le contrat de nantissement. Cette opération prend encore dans la pratique le nom de avances sur dépôts. Il n'y a ici aucun droit de garde perçu par la Banque : ils diffèrent en cela du dépôt volontaire. Ce dépôt peut comprendre des lingots d'or et d'argent, et des monnaies d'or et d'argent; mais il ne peut être inférieur à dix mille francs. Les avances sont de la valeur fixée par le conseil de la Banque. Le récépissé est à ordre, et négociable par endossement : encore en ce point, le dépôt engagé diffère du dépôt volontaire. Les mentions du récépissé sont les suivantes : le nom et la

demeure du déposant, la date du jour où a été fait le dépôt, et du jour où il doit être retiré, la quotité de la
somme avancée. Ce récépissé énonce encore la déchéance
du droit des déposants, et la nullité du récépissé lui-
même, dans le cas où le remboursement de la somme
avancée n'est pas fait à l'échéance du prêt. Cette mention
du récépissé semble être la violation de l'art. 2078 du
Code civil qui prononce la nullité du pacte commissoire.
Mais il faut entendre ces mots en ce sens : le déposant
sera déchu du droit de retirement, au terme fixé, et le récépissé sera nul à cet égard. Mais il reste entendu que le
déposant pourra sommer la Banque, ou de recevoir le
montant du dépôt, avec intérêts ; ou de faire estimer et
vendre l'excédant revenant au déposant. Pour opérer la
vente, la Banque de France a un privilége consacré par
un arrêt de la Cour de Paris, du 3 juin 1851, qui appliquait la loi du 17 mai 1834, et l'Ordonnance du 15 juin
1834, en déclarant qu'elle peut, dans certains cas, faire
vendre, même sans mise en demeure préalable, les effets
publics ou autres valeurs sur lesquels elle a fait des
avances. C'est en ce sens qu'on peut dire que la Banque
est affranchie du droit commun, et a un privilége. Mais
si la Banque, (en supposant la remise de valeurs en
garantie d'un crédit ouvert par elle en compte courant), vend sans que le crédité lui ait fourni aucun sujet
d'inquiétude, et uniquement dans le but de spéculer dans
son propre intérêt, le propriétaire frustré a la faculté

d'exiger la restitution d'une chose semblable à celle dont il se trouve privé, ou le prix moyennant lequel elle a été vendue. Et il importerait peu, en pareil cas, que le crédité sommé sans motif subitement de verser le solde débiteur de son compte courant, ou de souffrir la vente des valeurs par lui déposées, n'eût pas obéi à cette sommation. La Cour de Paris a consacré cette doctrine, (par arrêt du 25 mars 1862).

La Banque ne prête pas seulement sur dépôts de lingots ou de monnaies, comme nous venons de le voir, mais encore sur dépôts d'effets publics français, avec ou sans échéance fixe (loi du 17 mars 1834, art. 2); sur les obligations de chemins de fer (décret du 3 mars 1852, art. 2) ; sur les obligations de la ville de Paris (décret du 28 mars 1852, art. 1) ; sur les obligations du crédit foncier, (loi du 9 juin 1857, art. 7). Les avances faites par la Banque sur ces différents titres sont favorables, à un double point de vue : en premier lieu, la Banque peut vendre ces effets, sans les formalités lentes et coûteuses du droit commun ; seconde faveur faite à la Banque : un engagement, même sous-seing privé, non enregistré, constate le gage à l'égard des tiers. En conséquence, il n'est pas nécessaire que l'acte de prêt soit enregistré, comme l'exige l'art. 2074 du Code civil. Ce double privilége résulte des articles 3 et 4 de la loi du 17 mai 1834 ; 3, 4 et 5 de l'ordonnance du 15 juin 1836. L'art. 3 de l'ordonnance de 1836 est ainsi conçu : « L'emprunteur souscrira envers la Banque l'enga-

« gement de rembourser, dans un délai qui ne pourra ex-
« céder trois mois, les sommes qui lui auront été four-
« nies. » — L'art. 4 porte : « Cet engagement contiendra,
« en outre, de la part de l'emprunteur, l'obligation de
« couvrir la Banque du montant de la baisse qui pour-
« rait survenir dans le cours des effets par lui transférés,
« toutes les fois que cette baisse atteindra 10 %. » — Et
l'art. 5 : « Faute par l'emprunteur de satisfaire à l'enga-
« gement souscrit, en vertu des art. 3 et 4 ci-dessus, la
« Banque aura le droit de faire vendre à la Bourse, par le
« ministère d'un agent de change, tout ou partie des effets
« qui lui auront été transférés, savoir : 1°, à défaut de
« couverture, trois jours après une simple mise en de-
« meure par acte extrajudiciaire ; 2°, à défaut de rem-
« boursement, dès le lendemain de l'échéance, sans qu'il
« soit besoin de mise en demeure, ni d'aucune autre for-
« malité. La Banque se remboursera sur le produit net de
« la vente, du montant de ses avances en capital, intérêts
« et frais ; le surplus, s'il y en a, sera remis à l'emprun-
« teur. — Ces conditions seront exprimées et consenties
« par l'emprunteur, dans l'engagement prescrit par les
« articles 3 et 4 ci-dessus. »

Voilà les lois sur la matière ; la jurisprudence en a fait
souvent des applications. Un arrêt de la Cour de Paris
(du 3 juin 1851), donne à la Banque le droit d'appliquer,
jusqu'à concurrence, le produit de la vente à l'acquit du
prêt La Cour de cassation (par arrêt du 11 août 1847), a

rendu une décision qui touche encore à cette ordonnance de 1836 : une Banque qui n'est autorisée à admettre l'escompte que de billets revêtus de trois signatures, et qui se contente de deux, ne peut se prévaloir de la faveur de la loi, relativement à cet effet. Quant à la raison de ces dérogations au droit commun, un arrêt de la Cour de Bordeaux, (du 17 avril 1843), l'expose en des termes qui font bien comprendre l'étendue du privilége : les formalités de l'art. 2074 du Code civil, en effet, sont incompatibles avec les opérations des Banques : elles ne pourraient fonctionner utilement, et atteindre le but qui a déterminé leur création, si elles étaient obligées de se pourvoir des déclarations solennelles, et d'accomplir les actes exigés par l'art. 2074. Il faut seulement faire ici cette remarque : pour jouir de cet avantage, il est nécessaire que les Banques soient autorisées, et qu'elles se conforment à leurs statuts, qui sont leur loi particulière.

La plupart des règles que nous venons de poser, relativement à la Banque de France, plusieurs des priviléges dont nous l'avons vue entourée par les lois et les ordonnances, sont vrais également des simples particuliers banquiers. Ainsi, (la Cour de cassation l'a décidé, le 17 mai 1847), un banquier pourrait prêter des fonds à un commerçant, par exemple sur transfert en douane de marchandises arrivées pour le compte de ce commerçant.

Mais le banquier ne peut disposer de la valeur des titres remis à lui en nantissement, pour garantie des avances qu'il fait. S'il faisait de ces fonds emploi à son compte personnel, et à l'insu de ses clients, il se rendrait passible des peines de l'art. 405 du Code pénal, comme coupable d'escroquerie. Voici les pratiques frauduleuses que prévoit l'art. 405 : un banquier place en son nom des fonds qui lui sont remis à titre de dépôt, continuant cependant à créditer ses clients des dividendes produits ; puis, profitant d'une baisse survenue, il déclare aux déposants qu'il va, par voie d'exécution et pour se couvrir, faire vendre leurs titres, et il simule en effet une vente, faute de remboursement des avances par lui faites, donnant pour prétexte à cette vente la continuation probable de la baisse. Ces faits peuvent donner lieu à une poursuite correctionnelle contre le banquier, pour avoir disposé frauduleusement de titres au porteur qui lui avaient été remis, et sur lesquels il avait fait des avances d'argent.

Ainsi le banquier, pour avoir disposé de titres à lui remis en nantissement, se rend coupable du délit d'escroquerie, et tombe sous l'application de l'art. 405 du Code pénal. Et le déposant peut exiger alors, (jugement du tribunal de commerce de la Seine, du 16 juin 1862), que le banquier, au lieu de lui restituer des titres semblables qui, au moment de la restitution, n'auraient plus la même valeur qu'au moment du dépôt, lui tienne compte de la plus value pratiquée sans droit sur ses titres [1].

Toutes les explications que nous venons de donner supposent la mise en gage de valeurs mobilières. Mais il est bien entendu qu'un banquier peut faire aussi une ouverture de crédit, sur garantie hypothécaire : en ce sens un arrêt de la Cour de Paris (du 29 décembre 1842). Nous avons vu le rôle important que joue la banque dans les relations commerciales, au point de vue du nantissement : ce rôle, elle le doit au crédit dont elle jouit et que lui assurent son excellente administration et la confiance des négociants attirés ainsi à lui apporter leurs capitaux : c'est ce crédit qui amène la sécurité des affaires, et la prospérité du commerce d'un état. Nous allons maintenant dire quelques mots d'un sujet qui touche au précédent en plusieurs points : je veux parler des Comptoirs d'Escompte et des Sous-Comptoirs de garantie.

COMPTOIRS D'ESCOMPTE

ET SOUS-COMPTOIRS DE GARANTIE

—

En vertu du décret du 6 janvier 1808, de la loi du 30
juin 1840, de l'ordonnance du 25 mars 1841, du décret du
24 mars 1848, et du 23 août 1848, les Comptoirs et Sous-
Comptoirs sont autorisés à faire des avances sur nantissement de marchandises, titres et valeurs. Ils sont dispensés
de l'autorisation de justice, pour la vente du gage à
l'échéance. Ainsi, huitaine après une simple mise en
demeure, les officiers ministériels compétents peuvent
procéder à la vente publique des marchandises données en
nantissement.

Le Sous-Comptoir de garantie est établi pour fournir
aux souscripteurs de titres et effets de commerce, sur la
remise des marchandises en nantissement, la seconde
signature qui leur est nécessaire, pour obtenir du Comptoir
l'escompte de ces titres et effets, (C. de cass., 17 février
1862. Cour de Rouen, 24 juillet 1862. Cour de Paris,

17 mars 1857. Tribunal de commerce de la Seine, 12 janvier 1857).

La convention qui consisterait en une avance de fonds, avec consignation pour garantie de certaines marchandises, le banquier ne répondant que des soins de conservation nécessaire, pourrait être qualifiée par les Tribunaux de prêt sur gage déguisé, soumis à l'application des art. 2074 et 2075 C. civ. En ce sens, un arrêt de la Cour de Poitiers, du 21 juillet 1842. Ainsi, ce sera souvent aux juges à apprécier le véritable caractère de l'opération.

CRÉDIT FONCIER

—

Faire en sorte que la propriété foncière puisse, à l'aide du gage qu'elle présente, trouver des capitaux à bon marché, et des conditions qui permettent de les employer utilement à l'amélioration du sol ; arriver au concours réciproque et à l'appui mutuel de l'industrie et de la terre, ces deux sources fécondes de richesse nationale ; tel est le problème qu'est appelée à résoudre l'institution du Crédit Foncier. Le Crédit Foncier est une société anonyme qui a pour but le prêt à long terme, sur garantie hypothécaire, avec remboursement par annuités, comprenant à la fois l'intérêt et l'amortissement du capital prêté. En second lieu, le Crédit Foncier (ce n'est pas là une de ses moindres utilités), se charge de recouvrement des dettes hypothécaires, et achète les créances hypothécaires.

On le voit, le rôle du Crédit Foncier est double :

1° Prêts à terme, sur consignation de produits agricoles, réalisés soit au moyen des garanties commerciales ordinaires ou d'autres garanties spéciales, mais par

lesquelles la propriété même de la terre n'est pas directement engagée. C'est là un souvenir des anciennes banques
agricoles.

2° Prêts sous garantie de la propriété immobilière, ou
du sol lui-même, moyennant des conditions spécialement
déterminées. Voilà le Crédit Foncier actuel, le Crédit
Foncier proprement dit.

En d'autres termes, le Crédit Foncier se charge des
prêts à courte échéance, remboursables en capital, sans
amortissement ; et des prêts à long terme, remboursables
par annuités. Cette seconde classe de prêts seule est
pratique. Le taux de ces prêts, aux termes mêmes des
statuts du Crédit Foncier, est de 5 0|0, sans comprendre
l'annuité d'amortissement, et aussi le droit de commission.
Ce taux est bien élevé, et cela est regrettable ; car cette
élévation même est préjudiciable au commerce. Espérons
donc qu'il baissera bientôt, et que sera introduite dans la
matière du Crédit Foncier la modification que l'on peut
souhaiter voir s'étendre aussi aux Comptoirs d'Escompte.

Au sujet de ce taux lui-même, on s'est demandé s'il y
avait ici un prêt ordinaire, soumis par conséquent aux
rigueurs de la loi de 1807 ; ou si, au contraire, cette opération ne se rapprochait pas davantage de l'escompte, et
ne présentait pas un caractère aléatoire suffisant pour
autoriser la liberté de l'usure. La question doit se résoudre
par une distinction : il y aura atteinte portée à la loi
de 1807, si le Crédit Foncier stipule que, en cas d'expro-

priation forcée du débiteur avant le terme de l'obligation, il aura droit, lui Crédit Foncier, à titre d'indemnité, au paiement de deux annuités, en sus de celles souscrites pour le remboursement de l'emprunt. Il y aura alors violation de la loi de 1807, parce que le Crédit Foncier dépasse ainsi les limites et les pouvoirs que lui assignent ses statuts. Au contraire, quand il n'y a aucune stipulation, la jurisprudence admet que la loi de 1807 n'est plus applicable, parce qu'il y a alors un certain alea qui enlève à l'opération le caractère de simple prêt. Trois arrêts ont été rendus sur cette controverse : deux arrêts de la Cour de cassation, du 31 mai 1834, et du 30 juillet de la même année ; et un arrêt de la Cour de Lyon, du 4 mars 1836.

Quoiqu'il en soit de cette controverse, il reste établi qu'un contrat de prêt est formé. Le gage, c'est la terre si l'on peut s'exprimer ainsi, le sol même ; le crédit foncier est le prêteur, et le propriétaire est l'emprunteur. On comprend l'utilité de ce prêt : c'est l'accession de la terre à l'exercice facile du crédit. Mais, pour que le crédit foncier soit disposé à faire ces avances aux capitalistes, il faut que la loi lui assure toutes facilités à rentrer dans ces avances mêmes. Voilà pourquoi certains priviléges lui ont été accordés, qui sont des dérogations aux art. 2074, 2075 et 2078 du Code civil. Parcourons ces trois textes, et voyons dans quel sens ils ont été modifiés en faveur du crédit foncier.

L'art. 2074 exige certaines mentions dans un acte public ou sous seing-privé, dûment enregistré. Le crédit foncier est dispensé de cette rigueur : en effet, la loi du 19 juin 1857 porte que le privilége de la société du crédit foncier sur l'obligation donnée en nantissement résulte de l'engagement souscrit par l'emprunteur dans la forme prescrite par les articles 3 et 5 de l'ordonnance du 15 juin 1836, relative aux avances faites sur effets publics par la Banque de France.

L'art. 2075 exige, pour les créances mobilières, certaines formes lentes et coûteuses, qui ne pouvaient être étendues au Crédit foncier. Aussi, comme la banque de France, le Crédit foncier est dispensé, pour ces opérations, de l'enregistrement de l'acte de nantissement.

Troisième disposition non applicable au crédit foncier : c'est l'art. 2078. Contrairement à cet article qui défend au créancier non payé de faire procéder, sans l'accomplissement de certaines formes, à la vente du gage, l'article 5 de l'ordonnance du 15 juin 1836, que nous avons reproduite, dans la matière de la banque de France, dit que : à défaut de remboursement, dès le lendemain de l'échéance, la société du crédit foncier peut, sans qu'il soit besoin de mise en demeure, faire procéder, par le ministère d'un agent de change, à la vente du titre.

Telles sont les exceptions au droit commun : ces exceptions ont leur raison d'être ; en effet, le créancier gagiste, qui n'est autre ici qu'un établissement sous la surveillance du gouvernement, offre des garanties et des sûretés que l'on ne rencontre pas toujours chez un simple particulier. L'usure est ici moins à craindre ; partant, la confiance augmente, et les capitaux sont attirés davantage.

Nous avons vu ces grandes institutions de crédit que l'on appelle Magasins Généraux, Banque de France, Comptoirs d'Escompte, Sous-Comptoir de Garantie, Crédit Foncier, opérant comme maisons de prêts sur gages. On rencontre encore en d'autres matières le contrat de nantissement, et c'est ce qui nous reste à étudier. Nous montrerons des applications du gage, dans les couvertures des Agents de Change, et les reports en matière de Bourse : ces points demandent quelques détails.

COUVERTURES

DES AGENTS DE CHANGE

—

Les Agents de Change n'opèrent pas toujours au comptant. Ils s'entremettent aussi dans les marchés à terme. Pour se garantir contre les dangers qu'ils courent, en prêtant leur ministère à ces achats et ventes qui ne servent souvent qu'à dissimuler des jeux de Bourse, les Agents de Change ont l'habitude de faire déposer entre leurs mains, à titre de nantissement, du numéraire, des effets, des papiers, ou des titres, d'une valeur équivalente à peu près à la somme à laquelle pourra s'élever, selon leurs prévisions, la différence. C'est ce qu'on appelle une couverture.

La couverture est dûe, que le marché soit à terme, ou au comptant. On a prétendu quelquefois que le terme accordé indique assez que l'acheteur n'a pas le prix à sa disposition ; mais la jurisprudence repousse cette distinction (Cour de Paris, 18 février 1823). Un arrêt de la Cour

de Paris encore du 17 février 1842, déclare fictive, et ne
pouvant donner lieu à aucune action en justice, une vente
à terme d'effets publics, quand les titres n'ont pas été remis entre les mains de l'agent de change chargé de la
vente. Si l'on admettait la doctrine des auteurs qui pensent que les marchés à terme sont illicites, il n'y aurait
pas lieu de s'occuper de ces couvertures, puisque c'est là
un usage particulier à ces sortes de marchés. Mais je crois
que les marchés à terme peuvent se justifier non-seulement par les exigences mêmes de notre crédit public,
par la pratique constante et unanime ; mais encore, par
des considérations légales, et qui ne sont pas en contra-
diction avec les lois de la saine morale. L'examen de cette
question nous entraînerait trop loin de notre sujet : bornons-nous donc à indiquer la solution que nous adoptons,
et donnons quelques détails sur les couvertures en général. Et d'abord, demandons-nous d'où vient cette obligation, quelle est son origine législative ; quels en sont les
motifs. Puis, déterminons les caractères mêmes de cette
remise, recherchons en quoi elle peut consister, ses conditions, ses formalités, etc...

L'origine de l'usage des couvertures est dans l'art. 29
de l'arrêt du Conseil du 24 septembre 1724, et l'art. 13
de l'arrêté du 27 prairial an X. L'art. 29 porte : « Les
« particuliers qui voudront acheter des papiers commer-
« çables et autres effets, remettront l'argent ou les effets
« aux agents de change. » Et l'art. 13 : « Chaque agent de

« change doit avoir reçu de ses clients les effets qu'il vend,.
« ou les sommes nécessaires pour payer ceux qu'il
« achète. » Au Code de Commerce, nous avons un article,
l'art. 90 qui dit : « Il sera pourvu par des règlements
« d'administration publique à ce qui est relatif. . . . 2° à
« la négociation et à la transmission de la propriété des
« effets publics, et généralement à l'exécution des disposi-
« tions contenues au présent titre. » Cet article ne contient
qu'une promesse, et aucune décision immédiate et définitive
n'est donnée. En présence du silence de la loi, il faut s'en
tenir aux anciens usages. Du reste, l'obligation des couvertures résulte implicitement de l'art. 86 du Code de
Com. qui défend à l'agent de change « de se rendre garant
« de l'exécution des marchés dans lesquels il s'entremet. »
Ces textes ont été consacrés par le Règlement général
de la Compagnie des agents de change de Paris, (12, 16
et 19 novembre 1832.) Au titre X, relatif aux dispositions
générales, l'art. 3 est ainsi conçu : « Les agents de
« change devant se faire remettre, par leurs clients, les
« nantissements nécessaires pour assurer le paiement ou
« la livraison des effets qu'ils ont vendus ou achetés, soit
« au comptant, soit à terme, sont personnellement respon-
« sables de leurs opérations envers leurs collègues : en
« conséquence, leur cautionnement est affecté à cette ga-
« rantie. » L'art. 4 dit : « L'agent de change étant nanti
« par son client de l'argent pour le paiement des effets,
« ou des effets pour en opérer la livraison... »

On peut donner deux motifs de la nécessité des couvertures.

1. Il est indispensable de garantir l'exécution des marchés, et de mettre à couvert la responsabilité des agents de change.

2. Les agents de change ne doivent jamais faire d'avances pour leurs clients, parce que ce n'est qu'à ce prix que sera maintenue l'intégrité de leur crédit.

Quelques personnes ajoutent ce troisième motif aux deux précédents : les jeux de Bourse vont diminuer, si l'agent de change exige rigoureusement la remise des valeurs qui feront l'objet des négociations dans lesquelles il s'entremet. Cette question est une des branches de la controverse sur les marchés à terme dans laquelle nous n'entrons pas. Mais il faut toujours reconnaître ceci : c'est que, si l'agent de change se tenait rigoureusement aux prescriptions de la loi, les spéculations seraient rendues impossibles. Voilà pourquoi il se contente souvent d'une couverture qui n'est que la représentation probable de l'écart.

On a discuté sur le caractère de cette remise à l'agent de change par le client. On s'est demandé si les remises de titres, valeurs, numéraire, sont un nantissement entre les mains de l'agent de change, ou un paiement anticipé des sommes dont le client peut devenir débiteur. L'intérêt de la question est celui-ci : l'agent peut disposer des fonds et le client ne peut les répéter, s'il y a un paiement anticipé. S'il y a nantissement, les règles sur le gage sont applicables, et notamment l'art. 2078 C. Civ. Nous reviendrons tout à l'heure sur ce point. Je crois qu'il y a ici un véritable nantissement. En effet, l'art. 3 du titre VI du Réglement général des agents de change dit : « Les « agents de change doivent se faire remettre par leurs « clients les nantissements nécessaires. » Ce mot de nantissement, et aussi celui de couverture que la pratique a consacré indique bien l'idée de gage. Et que l'on ne vienne pas distinguer les valeurs réalisables par le ministère de l'agent de change, de celles qui ne le sont pas ; les opérations au comptant des marchés à terme. Non. Les textes repoussent ces distinctions ; et la raison surtout des couvertures montre que l'on ne peut les admettre. Car les couvertures sont pour l'agent de change une garantie. Or, ce mot n'implique-t-il pas l'idée de gage? Telle est aussi l'intention des parties. Ainsi, voilà un client vendeur : il remet à l'agent d'autres titres que ceux destinés à être vendus, ou du numéraire. Quoi ! c'est là un paiement anticipé ! Mais un paiement suppose une dette. Or, ce n'est pas là ce que doit le client. Ce n'est donc qu'une garantie. Ou bien, voilà un client acheteur. Il remet des titres. Il y a là un paiement, dit-on. Mais il doit du numéraire ! Et il remet des titres ! Encore ici, c'est un nantissement. Signalons un point plus délicat : Le client est acheteur, et il remet du numéraire. Or, c'est bien ce qu'il doit. Mais à cette objection trop subtile, il faut répondre que peu importe en quoi consiste la garantie : titres ou argent ; le caractère ne peut changer, avec les valeurs remises. C'est toujours le gage : les couvertures sont des nantissements.

Mais en quoi vont consister ces nantissements ? En argent, en effets, disent les textes. Il y a mandat entre le client et l'agent de change : ce qui doit passer au vendeur, c'est l'argent ; à l'acheteur, ce sont les titres. L'agent de change n'est qu'un intermédiaire ; voilà pourquoi c'est à lui que doivent être remis les titres et l'argent.

Nous avons vu que les couvertures sont des nantissements. Demandons-nous si toutes les règles du gage leur sont applicables. Entres les parties, le Contrat de Gage peut se former, sans écrit, et par le fait seul de la remise, (art. 13 de l'arrêt du 27 Prairial an x. Cour de Paris, 22 et 29 mars 1832). La remise faite par l'acheteur d'effets publics vendus à terme, à son agent de change, d'une inscription de rente, à l'effet de toucher les arrérages, et de les appliquer successivement en déduction de sa créance, dans le cas où l'acheteur n'acquitterait pas le prix d'achat, constitue, bien qu'effectuée sans acte écrit, un nantissement qui autorise l'agent de change à percevoir les arrérages, jusqu'aux remboursement des sommes à lu dues, par suite de l'opération (C. de cass., 14 mars 1853, 14 avril 1856, 18 novembre 1856. En sens contraire, Cour de Paris, 11 mars 1851, et 28 février 1857).   .

Quant aux formalités, il faut appliquer ce que nous

avons dit sur l'art. 91 C. com. Il faut distinguer sur quelles valeurs porte le nantissement : valeurs au porteur, titres nominatifs, valeurs négociables, etc.... (Cour de Paris, 20 mars 1856, et 7 mars 1857).

Voilà pour la constitution du Gage. Quid, quant aux droits que confère ce Gage ? Il ne faut pas l'oublier : il n'y a pas, entre le client et l'agent de change, rapport de créancier à débiteur. Donc, nous n'avons pas à nous occuper du privilége. Le droit de l'agent est seulement, si le client manque à son engagement, de se payer, avec la chose ou la somme déposée, jusqu'à due concurrence. Mais l'art. 2078 ne s'oppose-t-il pas à cette décision ? Sans doute, l'agent de change ne peut seul, et de son propre mouvement, réaliser la garantie qu'il a entre les mains. Mais faut-il l'autorisation de la justice ; l'intervention de la Chambre syndicale ne suffirait-elle pas ? Des auteurs admettent qu'il faut l'autorisation de justice, à peine de nullité. Je ne le crois pas, parce que cela serait contraire à la célérité nécessaire au commerce, et aux formes abrégées qui lui sont réservées. Et pourquoi ne pas se contenter de l'autorisation de la Chambre syndicale ? Les agents de change ne forment-ils pas, en quelque sorte, une corporation à part ? Ne sont-ils pas régis par un droit spécial ? Quelle raison y a-t-il de leur en enlever le bénéfice ? Aussi, la Cour de Paris, par arrêt du 21 juin 1836, a-t-elle décidé que l'agent de change, auquel un de ses clients a remis des effets au porteur, à titre de couverture,

pour garantie de marchés à terme, peut disposer de ces
effets, sans autorisation de justice, si son commettant ne
fait pas les fonds, au jour de la livraison des rentes
achetées pour son compte. Mais, par arrêt du 28 janvier
1838, la Cour de Paris met une restriction au droit de
l'agent de change, et tire une conséquence du principe
posé plus haut. L'agent de change, dit-elle, ne peut
disposer des valeurs remises, qu'au fur et à mesure des
liquidations opérées, jusqu'à concurrence seulement des
différences à réaliser, et non par anticipation. Voilà la
restriction. Voici maintenant la conséquence de cette restriction même : la faillite du client qui a donné les ordres
n'autorise pas l'agent de change à faire vendre ces couvertures, par anticipation, et sans attendre le résultat de
la liquidation. Toutes imputations ainsi faites doivent être
annulées, et le produit des ventes restitué à la faillite.
Une autre conséquence du principe que l'agent de change
n'est qu'un dépositaire, est celle-ci : il ne peut opposer,
en compensation avec le produit de la vente d'effets
publics, des sommes à lui dues par son client, Cour de
Paris, 7 mai 1832) [1].

[1] L'agent de change qui prête son ministère à des jeux de
Bourse ne peut se refuser à restituer des titres qui lui ont été
remis en couverture, ou pour garantie de ses opérations, un nantissement valable ne pouvant avoir lieu pour des opérations qui
sont formellement prohibées par la loi. Mais il ne peut être
condamné à restituer identiquement les titres au porteur qu'il a
reçus : il suffit qu'il en remette de semblables, ou qu'il en paie le

Terminons ces notions sur les couvertures par quelques questions controversées qui s'y rattachent, et qui se présentent souvent en pratique.

1. Il doit, une fois les opérations conclues, se passer un réglement entre l'agent de change et son client. En fait, voici ce qui a lieu : en cas d'achat, le client qui a remis à l'agent de change partie des fonds à l'avance, paie ce qu'il reste devoir à l'agent, plus le droit de courtage, en retirant la valeur achetée. En cas de vente, l'agent de change retient son droit de courtage, en remettant à son client le produit de la négociation.

2. La détention matérielle suffit-elle, pour donner privilége à l'agent de change, lorsque le gage porte sur des effets publics, dont il a qualité pour faire la négociation ? Non : cela ne suffirait pas, nous avons déjà repoussé cette distinction, entre les effets que l'agent de change peut vendre, et ceux auxquels n'est pas applicable son ministère. Éclairons ces principes par un exemple : je charge un agent de change d'acheter pour moi 1,000 francs de rente 3 0\|0. Je lui remets une inscription de rente 4 0\|0,

prix, au cours du jour (Cour de Bordeaux, 25 août 1858. Cour de Paris, 9 mai 1853. Cour de Bordeaux, 17 juin 1857. Cour de cassation, 1er août 1859).

L'agent de change peut effectuer la revente de valeurs achetées pour son client, une fois que ce client l'a prévenu que, faute par lui de se liquider, à la fin du mois courant, l'agent de change ne restera pas plus longtemps à découvert, et qu'il procédera à la revente des valeurs achetées. (Cour de Paris, 12 mars 1858. Cour de Paris, 24 février 1857).

de valeur égale, que je le charge de vendre, pour payer l'achat. Si, achetant pour moi du 3 0|0, il n'a pas vendu le 4 0|0, se contentant de conserver l'inscription de 4 0|0, à titre de nantissement, il ne peut prétendre à aucun privilége. Car l'inscription n'a pas cessé d'être en mon nom, et de m'appartenir.

3. Nous avons donné aux couvertures le caractère de nantissement. Donc, si survient une baisse des effets remis, si le crédit du client semble s'ébranler, l'agent de change peut-il demander alors un supplément de couverture? Il le peut. Mais, si le client refuse, il ne le peut contraindre ; car aucune voie de recours ne lui est offerte en justice. C'est la conséquence à laquelle on est fatalement amené. Elle est regrettable, parce qu'elle rendra plus rares les négociations, en entravant les transactions commerciales.

4. Une question qui est très-controversée, mais que nous ne faisons qu'indiquer, c'est celle de savoir si la couverture donnée pour garantie de l'opération qui ne consiste qu'en le paiement de la différence qui se trouve exister, entre le cours du jour de la vente et celui du jour où la livraison doit être faite, est valablement donnée. La solution de cette question dépend de la décision qu'on prend, sur la validité des marchés à terme. Il peut y avoir ici lieu à l'application des art. 419, 421 et 422 du Code pénal. Je crois que les tribunaux seront souverains appréciateurs de la question de savoir si l'opération tombe sous

le coup de la loi pénale, ou si, au contraire, elle n'a rien d'opposé à la morale et à la bonne foi.

5. Supposons conclue l'opération pour laquelle l'agent de change a été requis de prêter son ministère. Un compte va intervenir entre le client et lui, nous l'avons déjà montré. Mais quel sera le tribunal compétent pour juger la question de la restitution du dépôt? Sera-ce le tribunal civil? Sera-ce le tribunal commercial? Ce sera, selon nous, le tribunal de commerce, parce que l'art. 632, 4°, C. Com., décide que toute opération de change est une opération commerciale. Or, les conséquences doivent avoir le même caractère que le principe. Le fait est commercial, dans tous ses résultats et toutes ses appréciations: la compétence doit donc être commerciale.

On a attaqué souvent l'usage des couvertures: on a dit que cette exigence était préjudiciable aux affaires, parce qu'elle écartait du marché les spéculateurs; et que, la concurrence diminuant, les affaires par là même diminuaient aussi. Mais il faut remarquer d'abord que les agents de change sont juges du crédit de leurs clients: ils n'exigeront pas de garanties de celui qui est solide, et qui a l'habitude de spéculer sur des opérations au comptant. Mais les couvertures sont utiles, pour écarter de ce terrain si périlleux de la Bourse, les gens d'une probité douteuse, qui fréquemment compromettent leur fortune et celle de capitalistes qui placent en eux leur confiance; et cela, par des opérations dans lesquelles la mauvaise foi tient malheureusement trop souvent une bien large place.

Les couvertures des agents de change ne sont pas les seules opérations qui, en matière de Bourse, aient trait au gage. Il y a encore les reports, dont nous ne pouvons nous dispenser de dire quelques mots.

REPORTS, EN MATIÈRE DE BOURSE

—

Le report peut être défini : la différence entre le prix des marchés au comptant, et le prix des effets à terme. Celui qui achète pour revendre se nomme reporteur ; celui qui vend pour racheter, reporté.

C'est un véritable prêt sur dépôt de titres : on voit dès lors en quoi il touche à notre sujet. Le titre livré, voilà le gage ; le capitaliste est le prêteur, et le spéculateur est l'emprunteur. La différence de prix des deux marchés représente l'intérêt de l'emprunt. L'intérêt du prix excède presque toujours le taux légal ; s'il ne l'excédait pas, on trouverait difficilement de l'argent chez les capitalistes. L'utilité de cette opération se conçoit aisément : les fonds ne resteront pas improductifs entre les mains du capitaliste qui trouve un emploi pour un temps très-court. Et puis, (le sens même du mot l'indique : report, en anglais, veut dire continuation), le spéculateur pourra prolonger ses opérations, au-delà du terme fixé pour l'exécution des marchés. Le mécanisme de cette opération peut se bien comprendre, avec cette formule : le nanti est un intermédiaire entre l'acheteur à terme et le vendeur au comptant, lorsqu'il se charge, pendant un certain laps de temps, de l'inscription de rente qu'il détient momentanément.

Demandons-nous, comme nous l'avons fait pour les couvertures des agents de change, quel est le véritable caractère du report. Nous croyons que le reporteur ne peut être considéré que comme un créancier nanti. Le report est une vente à réméré d'une espèce particulière. Mais les règles sur le gage seront-elles applicables ? Il faut répondre négativement.

C'est une vente à réméré, venons-nous de dire. Les parties ont dissimulé leur contrat sous l'apparence d'une vente, et cette vente spéciale n'est soumise à aucune formalité particulière. Sans doute, une fois le masque ôté, il est possible que l'opération ait toute l'apparence d'un prêt ; et qu'alors elle soit soumise à l'application de la loi de 1807. Le reporteur devrait en ce cas restituer l'excédant du taux légal de l'intérêt (Tribunal de Commerce de la Seine, 11 mars 1857). Du reste, c'est là une question de fonds et non de formes. Par conséquent, les juges devront apprécier le fait, et lui restituer son véritable caractère : à eux de se demander si ces opérations sont sérieuses, ou si elles ne servent au contraire qu'à dissimuler des marchés fictifs, (Paris, 31 juillet 1852 C. de cass., 9 mai 1857. Tribunal de commerce de la Seine, 21 octobre 1857). Quant au mode de réalisation, le reporteur ne peut disposer des

titres, à l'échéance du terme, sans le consentement du reporté ; ou, à son défaut, sans l'autorisation de la justice.
Du reste, nous n'avons qu'à renvoyer aux couvertures des
agents de change. Car beaucoup des régles que nous y
avons développées doivent être étendues à la matière
des reports.

Bornons-nous donc à ces notions très-sommaires, et passons à l'application du gage la plus fréquente, en droit
commercial maritime, je veux dire, le connaissement.

———

DU GAGE

EN DROIT COMMERCIAL MARITIME

Quand nous avons parlé des conditions qui rendent privilégiée la possession du créancier gagiste, nous avons nommé le connaissement, comme établissant légalement le dessaisissement du débiteur, et la possession du créancier. Ce point mérite quelques développements.

L'ancien article 93 C. Com. ne définit pas le connaissement. Mais il y a un titre VII, au Livre II du Code de Commerce, qui est consacré aux formalités nécessaires à la validité du connaissement, (art. 281 à 285). Le connaissement, ou police de chargement, est une reconnaissance que donne le capitaine du navire des marchandises qui y sont déposées. La possession du connaissement est une véritable saisine de la chose, parce que c'est le connaissement qui donne à celui qui en est nanti le droit exclusif de recevoir les marchandises. Il y a détention sinon corporelle, au moins virtuelle et suffisante, (Cour de Douai,

2 avril 1828. Cour de Cassation 8 juin 1829, et 1er déc. 1840).

Le connaissement est d'une utilité pratique indé-
niable : ce qu'il faut, c'est que les marchandises, même
pendant une longue traversée maritime, ne cessent pas
d'être vénales. Elles peuvent être vendues, même quand
elles voyagent : elles peuvent aussi faire l'objet légal d'un
contrat de gage. Comment s'opère cette transmission du
gage ? Par un endossement, (Cour de Cass., 8 juin 1829);
Arrêtons-nous quelques instants sur cette condition. L'article 281 du Code de Commerce exige, pour sa régularité,
certaines formalités du connaissement. Que décider donc
si le connaissement est irrégulier : si, par exemple, il ne
contient pas la mention de la valeur fournie? Opérera-t-
il, même alors, une saisine suffisante? Cette question
divise les auteurs et la jurisprudence.

Une premier système se prononce pour l'affirmative.
Voici l'espèce qu'il faut supposer : un connaissement est
endossé, mais la mention de la valeur fournie est omise.
Dans ce cas, dit la Cour de Douai, par arrêts du 11 avril
1838, et du 5 janvier 1844, il n'y a pas vente ou cession ;
mais mandat véritable, ou commission. Or, l'art. 137 du C.
de Com. cesse de s'appliquer, alors que la propriété reste
à l'endosseur, et n'est pas transmissible au porteur. En
conséquence l'endossement étant ici un mandat, pourquoi
exigerait-on de lui la mention de la valeur fournie, qui
ne s'applique qu'au transport de la propriété ?

Le second système a pour lui un arrêt de la Cour de

Cassation du 28 juin 1826 ; et un autre du 1er mars 1843. Il n'y a, disent les partisans de cette opinion, saisine suffisante, que si l'endossement du connaissement est régulier. En effet, les articles 137 et 138 du C. de Com. ne font aucune distinction. Lettre de change aussi bien que connaissement doivent énoncer la valeur fournie, sinon ils ne valent que comme simple procuration. Ce que la loi veut, c'est une possession au moins virtuelle, certaine, incontestée. Or, le connaissement régulier seul la donne. La Cour de Douai confond, à mon sens, deux choses bien distinctes : les rapports entre les parties et les rapports à l'encontre des tiers. Sans doute, entre les contractants, l'opération peut n'être qu'un mandat. Mais, au regard des tiers, il faut qu'elle ait l'énergie et l'apparence d'une dépossession et d'une saisine évidentes pour tous. Il le faut, sous peine de permettre au débiteur d'usurper un faux crédit.

Une fois le connaissement régulièrement endossé, le privilége du créancier gagiste doit même être préféré au droit que le vendeur prétendrait avoir, en vertu de ce que les marchandises ne lui auraient pas été payées, et que le commettant serait tombé en faillite (Cour de Bruxelles, 13 novembre 1818. Cour de Rouen 29 novembre 1838. Cour de Douai, 29 novembre 1843).

Après ces notions sur le connaissement, mentionnons trois autres applications du contrat de gage en matière maritime.

1. Le capitaine a privilége sur les marchandises char-

gées, pour le frêt seulement. La Cour de Bordeaux, par arrêt du 20 juin 1865, déclare qu'il ne peut prétendre aucun droit, notamment pour surestaries, sur celles de ces marchandises qui n'appartiennent pas à son affréteur.

2. L'art. 271 du C. de Comm. dit : « Le navire et le « frêt sont spécialement affectés aux loyers des matelots. » Appliquant cette disposition légale, combinée avec les art. 258 et 259 du Code de Commerce, la jurisprudence admet, en tous cas, autres que prise, bris et naufrage, (l'innavigabilité, par exemple), que les matelots ont privilége pour leurs gages sur le frêt et le navire.

3. Un navire peut-il faire l'objet d'un nantissement ? Et comment s'opère la mise en gage ? Pour que soit légal le nantissement d'un navire, il faut que le créancier soit détenteur des pièces sans lesquelles on ne peut valablement le vendre. De sorte que l'on peut dire qu'il a alors la chose à sa disposition, puisque le débiteur propriétaire ne peut le priver de son droit de gage. Ce sont ces pièces qui, entre les mains du créancier, représentent le navire. Mais comment constater ce nantissement ? Par une inscription sur les registres maritimes. De cette façon, les tiers ne seront pas induits dans une ignorance qui pourrait leur être préjudiciable.

Nous avons vu jusqu'ici les applications du contrat de gage aux intérêts privés des individus, ou aux intérêts généraux du Commerce et de l'industrie. Nous allons l'étudier maintenant, sous le point de vue de l'intérêt des pauvres que le législateur ne pouvait laisser de côté, et auquel il a pourvu, du moins dans une certaine mesure, par l'établissement des Monts-de-Piété.

MONTS-DE-PIÉTÉ

C'est en Italie qu'ont pris naissance les Monts-de-Piété. Réprimer l'usure, dangereuse surtout quand elle a pour occasion le prêt sur gages, tel fut leur but. Plus tard, sous l'influence de la Papauté, ils s'introduisirent en France et à Avignon, vers la fin du xvie siècle. Paris et les Flandres suivirent bientôt cet exemple. La Révolution, voulant faire table rase avec les institutions de l'ancien régime, ne laissa plus au Mont de Piété qu'une existence nominale. La loi dn 6 février 1804, (16 pluviôse an xii), rétablit les Monts-de-Piété, qu'organisa le décret du 8 thermidor an xiii, (27 juillet 1805).

Mentionnons, comme législation plus récente, la loi du 24 juin 1851, et le décret du 24 mars 1852.

Les Monts-de-Piété jouent un rôle important, comme maisons de prêts sur gages.

Montrons en quelques mots quel est le mécanisme de cette institution : nous nous demanderons en terminant quels sont ses avantages, ses inconvénients, et les réformes qu'il serait souhaitable d'introduire.

Le premier contrat se forme entre l'emprunteur et l'appréciateur du Mont-de-Piété : il faut d'abord que l'emprunteur approuve l'estimation faite du gage qu'il offre. Puis, c'est la seconde opération, il engage ce nantissement, et reçoit en argent le montant du chiffre arbitré. Nous voyons tous les éléments du gage : le créancier gagiste, c'est l'établissement ; le débiteur, c'est l'emprunteur ; l'objet du nantissement, c'est la chose engagée. Par dérogation au Code civil, aucun acte public ou sous-seing privé enregistré n'est nécessaire. L'employé préposé aux reconnaissances écrit simplement sur un registre à ce destiné le gage reçu et la somme avancée. Dès lors, le privilège est créé, et la preuve du gage peut-être ainsi faite. Quant au taux du prêt, il est désigné et fixé par un réglement d'administration publique.

On s'est demandé si les reconnaissances du Mont-de-Piété sont transmissibles légalement par endossement, ou si elles sont payables au porteur. Je crois que voici en quel sens on peut dire qu'elles sont réalisables au porteur : une reconnaissance est remise par le débiteur à un tiers ; celui-ci paie les frais et les intérêts dûs : c'est à lui alors qu'est rendue la chose engagée, (C. de Metz, 22 novembre 1820). Pourquoi n'y a-t-il pas endossement possible ? C'est que les reconnaissances ne sont pas à proprement parler, des effets de Commerce. Sans doute, elles circulent et se transmettent comme eux. Mais il y a ici un établissement de bienfaisance, de charité et non une entreprise industrielle. Du reste, remarquons-le bien, le Mont-de-Piété ne contracte pas l'obligation de remettre le gage à l'ordre du déposant. Il délivre un récépissé ; c'est là le titre légal ; c'est sur la présentation de ce titre que sera remis le nantissement à celui qui en sera porteur.

Il peut y avoir, de la part du débiteur, renouvellement du prêt. Mais si, à l'échéance, les effets ne sont pas dégagés, la vente a lieu, sans autorisation de justice, sans signification adressée au débiteur. La vente est opérée ; deux cas sont possibles : 1° Il y a un excédant du prix sur la somme due ; elle est remise à l'emprunteur qui en est resté propriétaire. Aussi, en raison de ce caractère, ses créanciers peuvent former opposition à la délivrance du boni ; 2° il y a un déficit, l'administration ne poursuit pas l'emprunteur d'ordinaire ; mais elle exerce son recours contre le commissaire-priseur. Cette seconde hypothèse se présentera rarement. Car l'estimation est ordinairement portée très-haut, et dépasse toujours la valeur vénale de la chose.

Les Monts-de-Piété,(c'est là même un des reproches qu'on leur a adressés), peuvent recevoir des objets perdus ou volés en dépôt. Si le propriétaire les réclame, en vertu de l'article 2279 Code Civil, doivent-ils les restituer, sans pouvoir exiger de lui le remboursement de la somme prêtée ? On résoud d'ordinaire cette question, en distinguant les réglements des Monts-de-Piété qui ont force de loi, et ceux qui n'ont qu'une autorité purement réglementaire. Au nombre des premiers est le décret du 27 juillet 1805 : Ce décret exige du propriétaire revendiquant le remboursement de la somme avancée. Mais ne peuvent aucunement porter atteinte à l'article 2279 Code civil, les décrets contenant semblable disposition, mais rendus avant le Code, et n'ayant aucune force législative.

Nous devons nous demander si l'institution des Monts-de-Piété répond bien aux besoins des pauvres. Le Mont-de-Piété était d'abord un Bureau où on prêtait aux pauvres gratuitement, et aux autres, à un modique intérêt. Dans ces conditions, alors que les frais étaient couverts par les aumônes des personnes charitables, le Mont-de-Piété devait offrir de grands avantages. Plus tard, avec l'exagération du taux de l'intérêt, et quand la spéculation vint remplacer la bienfaisance, il perdit bien de sa faveur. On leur a reproché de servir de recel aux voleurs, de favoriser la paresse du pauvre qui se dépouillait des choses les plus nécessaires, de porter trop haut le chiffre de l'intérêt et des frais dûs, (le prêt est au taux de 9 0$\mid$0 ; 1$\mid$2 0$\mid$0 est accordé en sus aux commissaires-priseurs). Ces reproches sont quelquefois vrais. Mais d'un autre côté, il faut répondre que les nantissements reposent souvent sur des nécessités respectables ; et puis, les Monts-de-Piété ont chassé les usuriers, qui avaient ruiné tant de familles, soit en retirant 60 ou 80 0$\mid$0 d'intérêt des sommes qu'ils prêtaient sur des gages, soit en s'appropriant les gages mêmes, lorsque les propriétaires ne se présentaient pas, au moment prescrit, pour les retirer.

On le voit, les Monts-de-Piété sont susceptibles de recevoir encore bien des améliorations. N'y aurait-il pas une idée généreuse et féconde à appuyer l'un sur l'autre le Mont-de-Piété et la Caisse d'épargne ? Faire servir les épargnes du travailleur au soulagement du pauvre, ou du travailleur lui-même pressé par quelque nécessité momentanée : cet accord et cette association ne rapporteraient-ils pas de féconds résultats ?

Nous le reconnaissons : ce qu'il faut avant tout, c'est proscrire l'usure ; aussi, voilà pourquoi l'article 2084 Code civil, met comme conditions d'existence aux maisons de prêts sur gages l'autorisation et la surveillance du gouvernement. La sanction, elle est dans l'article 411 du Code pénal. Cet article est ainsi conçu : « Ceux qui auront « établi ou tenu des maisons de prêts sur gages, ou nan- « tissements, sans l'autorisation légale ; ou qui, ayant « une autorisation, n'auront pas tenu un registre con- « forme aux réglements, contenant de suite sans aucun « blanc ni interligne les sommes ou les objets prêtés, les « noms, domicile et profession des emprunteurs, la nature, « la qualité, la valeur des objets mis en nantissement, « seront punis d'un emprisonnement de quinze jours au « moins, de trois mois au plus, et d'une amende de cent « francs à deux mille francs. »

Ce que la loi défend, c'est l'habitude d'usure ; plusieurs faits isolés ne suffiraient donc pas, (Cour de Bruxelles, 24 juillet 1817 ; C. de cass. 15 juin 1821). Ce sont les tribunaux qui apprécient, (Cour de Cass., 9 mars 1819). La loi punit, non-seulement le fait de tenir des maisons de prêts sur gages sans autorisation ; mais encore, de contrevenir aux réglements des maisons autorisées.

On voit combien la loi est sévère, et de quelles garanties elle entoure l'établissement des maisons d'avances sur titres. Le législateur protège l'homme contre ses entraînements ; il le guide et le soutient : il réprime les abus de créanciers qui voudraient arracher aux nécessités d'argent qui pressent un débiteur malheureux le consentement à des contrats où le volonté de ce dernier ne serait pas libre. Le pouvoir civil, a dit M. Royer-Collard, veille sans cesse à la sûreté de tous et de chacun. Les jugements règlent les droits incertains, commandent l'exécution des promesses, répriment les agressions de la cupidité et de la mauvaise foi. Tous les droits naturels et civils de l'homme en société sont sous la garde des tribunaux, et reposent uniquement sur l'intégrité des juges qui les composent.

POSITIONS

—

DROIT ROMAIN.

I. La simple connaissance de la cession acquise par le débiteur cédé ne l'empêche pas de payer valablement au cédant.

II. La position du cessionnaire est la même ; qu'il agisse par l'action utile, ou par l'action directe.

III. Le cessionnaire peut se prévaloir des *privilegia causæ*, mais non des *privilegia personæ* appartenant au cédant.

IV. La loi 101 au Dig., *de verbor. oblig.*, et la loi 3 au Code, *de in integr. restit.*, ne peuvent se concilier qu'historiquement.

V. Le cédé peut opposer au cessionnaire l'exception de dol, dont il eût pu se servir contre le cédant.

VI. L'exception du *pacte de non petendo* peut être opposée par le cédé au cessionnaire.

DROIT COMMERCIAL

I. Quand le gage sera civil, les art. 2074 et 2075 sont applicables, alors que le nantissement aura lieu en actions, parts d'intérêts, obligations de compagnies financières ou industrielles.

II. Avant la loi de 1863, le gage commercial était toujours soumis aux règles posées par le Code civil.

III. Le gage pour une dette contractée antérieurement à la cessation de paiements ou aux dix jours qui l'ont précédée, est valable, alors que cette signification n'intervient qu'après la cessation des paiements.

IV. La substitution d'un gage à un autre après la cessation des paiements du débiteur, ne tombe pas sous le coup de l'art. 446. C. de Com.

V. Le paiement pour dettes échues fait avec les warrants ne tombe pas sous l'application de l'art. 446 C. de Com.

VI. Le fractionnement des obligations du Crédit Foncier ne doit pas être assimilé à la création d'une loterie.

VII. La couverture remise à l'agent de change est un nantissement.

VIII. Le connaissement irrégulier n'opère pas une saisine suffisante.

IX. Les marchés à terme sur les effets publics sont licites.

DROIT CIVIL

I. La décision du conseil de l'ordre des avocats, qui refuse d'inscrire au tableau un avocat qui a accompli son stage, n'est pas susceptible d'appel devant la Cour.

II. L'aliénation sans réserve de l'original d'une œuvre d'art entraîne l'aliénation du droit de reproduction.

III. La femme étrangère a hypothèque légale sur les biens de son mari situés en France, si sa loi nationale lui accorde cette hypothèque.

IV. L'hypothèque consentie pour un crédit ouvert prend rang, du jour de la date de l'inscription.

V. Le tuteur de l'interdit ne peut, au nom de cet interdit, intenter une action en désaveu.

VI. Les donations déguisées sous la forme d'un contrat à titre onéreux sont sujettes à rapport.

DROIT PÉNAL

I. Il est contraire à la loi de parler de la peine devant le jury.

II. Le complice du suicide n'est pas punissable.

PROCÉDURE CIVILE

I. Lorsqu'une affaire commerciale, au lieu d'être portée devant le tribunal de commerce du lieu, est portée devant le tribunal civil, il y a incompétence *ratione materiæ*.

DROIT FEODAL

I. Le gage de bataille disparut avec le combat judiciaire.

DROIT COUTUMIER

I. La communauté de biens entre époux a son origine,

au douzième siècle, dans les communautés taisibles de gens de main-morte.

DROIT ADMINISTRATIF

I. Les chemins ruraux, affectés à l'utilité générale, ne sont pas prescriptibles.

DROIT DES GENS

I. Les principes du droit des gens naturel réprouvent les représailles exercées contre les biens des particuliers.

II. L'état neutre qui permet le refuge dans un de ses ports d'un navire belligérant ne doit pas être considéré comme rompant la neutralité.

Vu par le Président de la Thèse,

F. RATAUD.

Vu par le Doyen de la Faculté,

G. COLMET-DAAGE.

*Vu et permis d'imprimer, le Vice-Recteur
de l'Académie de Paris,*

A. MOURIER.

452 — Abbeville, imp. Briez, C. Paillart et Retaux.

ABBEVILLE. — IMP. BRIEZ, C. PAILLART ET RETAUX

www.ingramcontent.com/pod-product-compliance
Ingram Content Group UK Ltd.
Pitfield, Milton Keynes, MK11 3LW, UK
UKHW020154130726
13696UKWH00002B/511